誰にだって言い分があります

吉田みく
Yoshida Miku

小学館新書

はじめに

自分の考えや気持ちを、相手にストレートに伝えることが容易にできる世の中ならどれだけ気が楽か……。日々、私たちは知らず知らずのうちに感情を押し殺しながら生活している。それが〝当たり前〟になりつつあるからこそ、声に出しては吐けない気持ちをネットの匿名掲示板やSNSに投稿する人が多いのも納得できる。実生活ではそのほうが穏便に済むのだ。人間関係を拗《こじ》らせて、いい結果が出ることはあまりない。

2020年から3年あまり、コロナ禍では国民が一致団結して自粛することを求められた。それは〝お願い〟ベースだったものの、私たちは常時マスクを着用し、不要不急の外出をしないよう努めた。表面上は皆が同じ意見を持っているように見えるかもしれないが、口に出さないだけで、内心ではさまざまな感情と戦う人もいたのではないだろうか。

空気を読み、相手を思いやる。言葉でいうのは簡単だが、行動に移すとなると意外と神経を遣うものだ。人の顔色をうかがいすぎて体調を崩してしまうこともある。筆者である私自身がそうだった。後に「空気を読む世代」と言われた1980年代生まれの私は、特に周囲の反応を気にするたちで、「本心ではどう思われているんだろう」「今の発言、マズかったかな」「もしかしたら嫌われてる？」——そんなことばかり考えて生きてきた。10代の頃は人の目を気にしすぎるあまり、頭痛に悩まされた。それほど人間関係のことで頭がいっぱいだったのだ。

大学卒業後は就職して営業や事務職を経験したが、社会人生活でもそれは変わらなかった。ただ、30歳でフリーライターとして再出発することを決意した時から、他人の意見や感情に左右されるのをやめるようにした。自分の意見をきちんと伝えようと思ったのだ。

しかしそれはそれで大変なことだった。感情を顔に出す、嫌なことは「嫌」と言う……。自分の意見をはっきりと伝えただけなのに、気づいたら連絡を取り合う仲間が激減してしまった。そのショックは今も尾を引いており、SNSに短文で自分の意見を投稿するのが苦手だ。

一時期は人が離れていくことに寂しさも感じた。自分が否定されている気がしたからだ。

聞き役に徹し、何も話さないほうが上手くいくかもしれない。そんな風に考えているうちに「自分らしさ」が消えていくように思えた。それでもある日、「一人で悩んでいても解決することはほとんどない」と気づいてからは割り切れるようになり、心がスッキリした。それを機に人間関係の奥深さに興味が湧き、面倒だが面白いものだと思うようになったのだ。

本書は、マネーポストWEBで連載中の『誰にだって言い分があります』から、特に反響が大きかった記事をまとめたものである。同連載は、職場、家族、友人、ご近所、SNSなどを舞台に、実際の人間関係の一場面を切り取ったものだ。第三者的なライターの視点だけでなく、夫と共稼ぎで2人の子供の育児をする当事者の一人として出来事を見つめ、感じたことを書いている。この連載記事は、配信先のヤフーニュースでは累計5000万ページビュー（PV）を超え、コメント欄では登場人物たちの〝言い分〟に賛否両論の意見が寄せられた。

取材に協力してもらったのは幅広い年代の人たちで、会社員、自営業、専業主婦、年金暮らしなど職業もさまざまだが、年収は平均前後の〝ごく普通の人たち〟が多い。彼ら／彼女らには何気ない日常生活で感じたモヤモヤを語ってもらったのだが、一見するとただの愚痴、ボヤキにしか聞こえない。しかし現代の社会背景と重ねて観察してみると、収入格差、子育てにおける人手不足、世代による価値観の違いなどの問題が潜んでいることに気づく。

他人の悩みを知った時、第三者からすれば「話し合えば解決するのに」「自分の考えと合わなければ気にしなくていい」と思うかもしれない。しかしそれが意外とできずに考え込んでしまう人が多いのが現実だ。

他者との意見のすり合わせは思っているよりも難しい。夫婦や両親など生活を共にするような深い関係ならまだしも、職場関係やママ友、ご近所となれば、何気ない一言がトラブルに発展することは珍しくない。ある日を境によそよそしい態度を取られるようになったなどの話はよく耳にする。それほどデリケートな問題なのだ。それならあえて本音を語らず、自身の「言い分」を押し殺しておいたほうが表面上の人間関係は上手くいくのかもしれないが、実際にはそうもいかないのが人間関係というものだ。

本書で取り上げる話題も、些細な発言がトラブルに発展し、〝ちょうどいい落としどころ〟が見つけられずに、結果としてモヤモヤとした気持ちを語るものが多い。

自分が当事者だったらどのような気持ちになるか、どう対処するかなどを考えながら読み進めてもらえたら幸いです。

誰にだって言い分があります

目次

んなにバカにされるとは……」／⑪「仕方なく免許を取ったけど、喜びなんてありません」／⑫「コスパ重視で食事しているつもりなのに、余計な出費が増えていた」／⑬「良いものを安く買う努力は、恥ずかしいことですか？」／⑭「乗せてもらってるんだから、自発的に高速代を払うものでしょ？」／⑮「お母さん、同じレトルトカレーばっかり出さないで」／⑯「紙おむつ代が高すぎる！1日10回交換するんですよ？」／⑰「自宅を知られている相手に悪い評価なんて書けません」／⑱「〝小銭ジャラジャラマン〟と冷やかされたってかまわない」／⑲「一人暮らしの私が誰かとつながれるのはここしかない」／⑳「景品には興味ない。観客からの期待が嬉しくて」

第3章 仕事編 職場の不満は〝言わぬが花〟…………………… 79

㉑「いつも来ない人に『除け者にしたのか！』と怒鳴られるとは……」／㉒「給料泥棒扱いされたって、会社に残りたいんです」／㉓「自分が暇な時に同僚が仕事してると、怖くて仕方ない」／㉔「バレたら大変なので、会社にはもちろん妻にも内緒です」／㉕「〝あの子は愛想が悪い〟と言われると評価が下がる」／㉖「いつまで手書きにこだわるの？」「変えるほうがリスクでしょ」／㉗「〝レジ袋派〟とカミングアウトしなければよかったです」／㉘「上司が職場の机で弁

本書は「マネーポストＷＥＢ」（https://www.moneypost.jp）で連載中の「誰にだって言い分があります」から、特に話題を集めた記事をセレクトし、加筆・再構成したものです。登場するカタカナ表記の人名はすべて仮名、年齢は取材当時。

第1章

夫婦編

夫は分かってくれない、妻は聞いてくれない

1 夫からもらったブランド品を売った30万円の使い途は――
「そもそも私へのプレゼント。お金も私のものでしょ？」

夫と6歳の子を持つ東京都在住の専業主婦・ユウコさん（40歳）は、年末の大掃除で出た不用品を売却して得た30万円の使い途をめぐってモヤモヤしている。

「子育てに忙しくて外出機会も激減したので、貴金属とか高級バッグも最低限使うものだけに整理しようと思ってブランド買取専門店に持って行ったら、5つで総額30万円ほどに。〝このお金、何に使おうかな〟とワクワクしていたんですが、夫の一言で話がおかしな方向に進んでしまいました」

というのも売却した貴金属とバッグは、もともとすべて夫からのプレゼントだったから。結婚記念日やクリスマスなどにもらったもので、いずれも購入時は30万円以上したという。プレゼントを売ってしまったことに夫は少し残念そうな表情を浮かべたものの、「使わないなら仕方ないか」と特に怒る様子ではなかったという。ところが、その後に出てきた言葉は「このお金があれば、いいダイニングテーブルに買い替えられるね」だった。

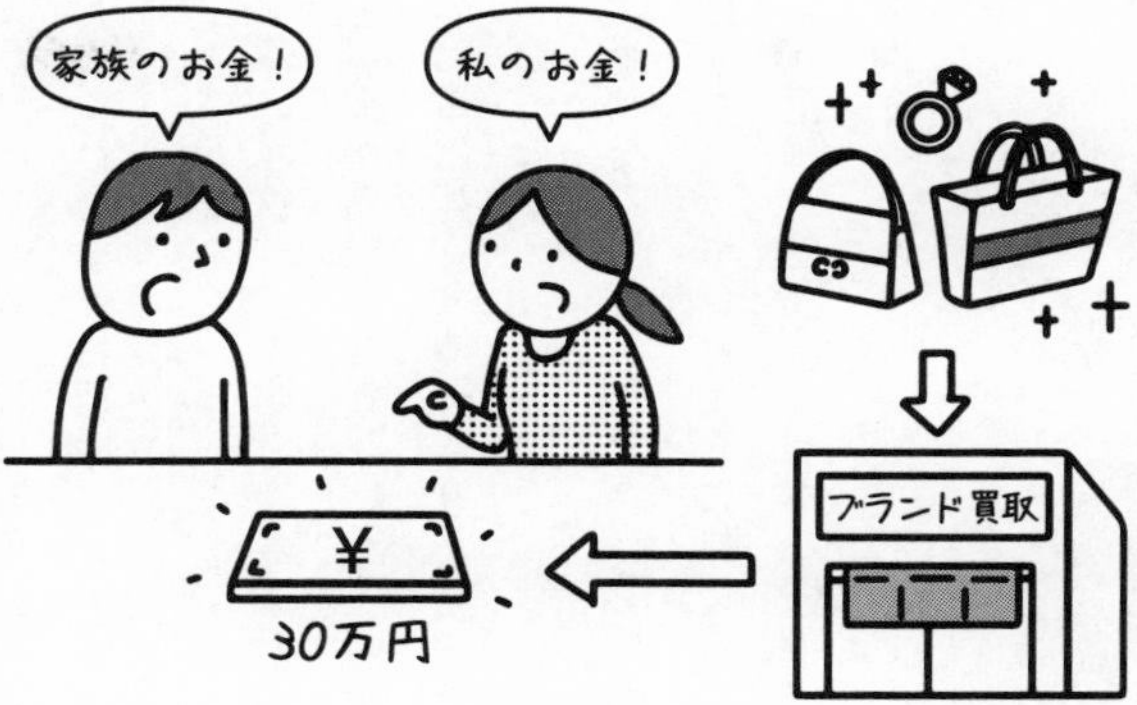

しかし、ユウコさんは腑《ふ》に落ちない。

「もともと私へのプレゼントですよね？　私が自分の所有物を処分して得たお金は私のものでしょ？　ダイニングテーブルは買い替える予定でしたが、それは家計から出すものじゃないかしら。それよりも子供の面倒を見ながら家の大掃除をした私のことを褒めてほしいくらいですよ」

そんなユウコさんだが、夫の提案を却下しにくい理由がある。数年前に夫が不用品を売却して得たお金で、家族旅行を満喫したことがあったからだ。

「夫は物欲がなくて、お金を得たら家族のために使うタイプ。人を喜ばせるのが大好きなんです。でも私は自分のために使いたい。昔から夫は『わがままお姫様』と私をからかってたので、理解してくれていると思っていたんですが……」

ちなみにユウコさんが考える30万円の使い途は「エステで自分磨きに力を入れたい」とのこと。夫が希望する新しいダイニングテーブルは、家具量販店でリーズナブルに済ませ、残りのお金は死守するつもりだという。

理屈だけなら「もらったプレゼントは私のもの。売って得たお金も自分のもの」という主張は成り立っているように見えるが、そのユウコさん自身が「モヤモヤしている」ことからも〝正解〟には迷いがある様子。今回のようなケースで得たお金の使い途は、誰が主導権を握るべきか……夫婦であっても金銭感覚が異なるからこそ、スッキリした答えが出ないのだろう。

② 妻に家事代行サービスの利用を提案したら驚きの〝逆提案〟「〝お義母さんならタダ〟という言葉にゾッとしました」

「仕事と家事・育児の両立」は夫婦が抱える問題の代表格。最近ではそんな悩みを解決してくれる家事代行サービスを頼る夫婦も増えているようだ。ところが、その利用を提案したことで、「妻の本音が見えてゾッとした」と話す40代男性がいる。

「家事で手一杯の妻を気遣ったつもりでしたが、残念な結果になりました」——そう語るのは、東京23区内在住のメーカー勤務・タツオさん（40歳）だ。

家事の専門技術や資格を持ったスタッフが利用者宅を訪問し、掃除や洗濯、炊事などを行う家事代行サービスの相場は1時間当たり2000～3000円程度で、ライフスタイルや予算に合わせて、「週1回」「月2回」など頻度の調整も可能だ。

「妻は2歳の娘を育てながらフルタイムで働いています。最近仕事が忙しく、家事まで手が回らないことにイライラしていたので、私から提案しました」

タツオさん自身も残業が多く、家事を手助けしたいが時間的に難しい。そこでサービスの利用を思いついたのだが、その提案が妻の逆鱗に触れてしまった。

「『そのお金はどこから出てくるのよ！』と、すごい剣幕で怒られました。たしかに僕の給料は高くありませんけど……」

費用面について認識が甘かったことを詫びたタツオさん。ところが妻は返す刀で驚きの〝逆提案〟をしてきたのだという。

「『だったら、お義母さんに頼みましょうよ』と言うんです。しかも『どうせ暇だろうし、タダで引き受けてくれるんじゃない？』とまで。さすがに絶句しましたよ」

妻の実家は地方なので頼めないが、タツオさんの実家は同じ区内のマンション。母親は70歳を過ぎているが健康に不安はなく、30分ほど歩いてタツオさんの自宅にもちょくちょく顔を出す。そんな母のことを妻は、〝暇人〟と言い放ったという。

〝これからは子供の学費などの出費も増えるから、できるだけ無駄遣いしたくない〟――それが妻の主張だが、タツオさんは〝あまりに自分勝手なアイデア〟に感じた。

「私から相談すればおそらく母は助けてくれると思います。でも、『タダだから』という妻の発想を知られたら嫌な思いをさせるでしょうね」

それ以来、妻は「あの件、お義母さんに聞いてくれた？」と頻繁に催促してくるようになり、「母に対する妻の考え方に恐ろしさと不信感を抱くようになった」とタツオさんは嘆く。身内に頼めば無料、もしくは格安で済むかもしれないが、それには実の息子でも気を遣う。妻の性格から想像するに、お金の問題が解決できたとしても、今度は〝家事の仕上がり〟について義母への不満を言い募りかねない。「妻と母が対立して、その板挟みになるのだけは勘弁してほしい」というのがタツオさんの本音だ。

家事代行は決して安いサービスではない。金銭的な理由で利用を躊躇《ためら》うケースがあることは十分に想像できる。一方でこれだけ利用者が増えている背景には、「他人だからこそ金銭を介して家事を頼める」という割り切りもあるのだろう。

❸ 賃上げムードのなかでも業績次第では「ダウン」「ゼロ」も
「夫婦揃ってボーナス半減でローン返済計画が……」

帝国データバンクが全国の企業1095社に行った「2023年夏季賞与の動向アンケート」によると、前年より「増加する」と回答した企業は37・4%だった。一方で「減少する」と回答した企業は9・3%、「賞与はない」との回答も11・2%あった。明暗が分かれるなか、ボーナスの有無・増減は当然、家計に大きな影響を与える。

東京都在住の会社員・タケシさん（43歳）は、「ウチの会社はボーナスが出たことはありません」と嘆いていた。

「この時期になると憂鬱になります。13歳の息子も『ボーナス』の意味を理解しているはずですが、一度も口にしたことはありません」

タケシさんは従業員30人ほどの企業で営業職をしている。勤務先は自宅から徒歩圏内で残業もほとんどなく、職場の雰囲気もアットホームで居心地は良いものの、給料は月に25

万円程度の状態が続いている。収入アップのために転職を目指した時期もあったが、書類選考の時点で落とされてしまうことが多かったという。

「妻はスーパーのパートで月8万円くらい収入があります。子供が小学生のうちは何とかなったのですが、中学生になってそろそろ高校進学のことが視野に入ってくると、今の収入のままでは家族を養うことができないという不安があります。妻は家計のやりくりを頑張ってくれていますが、それにも限界があります」

妻も正社員を目指して転職活動中だというが、タケシさん同様になかなか採用には至らないという。「5万円くらいでもいいから、私も妻もボーナスが出る職場に採用されれば嬉しいです」と話していた。

東京都在住の会社員・タクマさん（38歳）は、4年前に購入した新築マンションのローン返済に不安を抱えていると打ち明けた。

「マンション価格が高騰しているタイミングでしたが、私も妻もフルタイムの正社員なので何とかなるだろうと、思い切って購入しました。小学生になった子供の部屋もできて気に入っているマンションですが、今は毎月の支払いがつらいです」

管理費を含めると月々の支払いは20万円ほど。購入当時は夫婦合わせて1000万円を超える年収があったが、コロナ禍の影響でどちらの会社も業績不振、月給こそ維持されているもののボーナス額は激減したという。

「以前は100万円だった夏のボーナスも、今年は50万円しか出ませんでした。妻は50万円から20万円に……。年齢とともに収入も上がっていくと想定していたのでショックを受けています」

一時的に双方の両親に金銭的な支援を打診しているものの、あまり芳《かんば》しい返答は得られていない。マンション価格が高止まりしているうちに売却し、今よりも手狭な物件に引っ越すことも検討しているという。

世間的には「賃上げムード」が高まっているものの、雇用形態や会社の業績で大きく左右されるボーナス事情。「支給されるだけ羨ましい」との声もある一方で、タクマさんのケースのようにボーナスを当てにした返済計画が崩れた時の痛手は大きい。

4

「そろそろマイホームを……」と思っていたら夫の借金が判明して愕然

「在宅勤務さえなければ、家の狭さは気にならなかったのに」

自宅と職場の〝境界線〟を取り払ったテレワーク。コロナ禍が一区切りついてからも多くの企業がさまざまな工夫をしながら在宅勤務の定着を図っているが、ある30代主婦は夫の「在宅勤務」を愚痴ったことがきっかけで現実を思い知らされることになった。

東京都在住の専業主婦・ユリさん（32歳）は夫と2歳の息子の3人暮らし。

「コロナ以降、夫はほぼ毎日在宅勤務となりました。我が家は築30年の都営住宅でリビングと寝室の2部屋しかないので、仕事でリビングのテーブルを占領されると本当に窮屈。〝仕方ない〟と思いながらも、地域の子育て支援センターでそのことを友人たちに愚痴ってしまったんです」

多くのママ友は「かわいそう」「大変ねぇ」と同情してくれたというが、やがて話はおかしな方向へ変わっていった。

「戸建てに住むAさんが、『私の夫もほとんどテレワークだけど、あまりイライラはしないなぁ。何が違うんだろう？』と言い出したんです。

はっきりしていますよ（苦笑）。Aさんの家は大手ハウスメーカーが手掛けた注文住宅。部屋数も壁の防音も違いますし、嫌味にしか聞こえませんでした」

一瞬、場が凍りついたが、そんな空気も気にせず、Aさんは「夫専用の書斎があれば夫婦喧嘩は起きにくい」、「在宅勤務が当たり前になりつつあるからこそ、こだわりの住宅を手に入れたほうがいい」と力説するようになったという。

最初は〝余計なお世話〟と感じていたものの、何度もマイホーム自慢を聞かされるとどうしても気になってしまうもの。ユリさんはある日の夜、夫にマイホーム購入を提案してみたのだが……。

「10歳年上の夫は『まだ早いよ』と言葉を濁すばかり。ローンを組むにしても年齢を考えるとそろそろ決断したほうがいいのに、どうにも後ろ向きなんです。〝何か隠してるんじゃないの？〟と問い詰めたら、消費者金融から借り入れをしていることを白状したんです」

在宅勤務で残業代がつかなくなって月3万円ほどの収入ダウンになった夫は、自分のお小遣いを確保するために消費者金融に手を出してしまったというのだ。そのことを知らされたユリさんはショックを抑えきれず、号泣したという。

「以前は自宅が手狭であることも気にならなかったし、マイホームもさほど強く希望していませんでした。でも在宅勤務がきっかけで、恵まれた住環境で暮らしているAさんのような人もいることを実感させられて……。生活費を稼いでくれている夫を責める気はないのですが、なぜか惨めな気持ちでいっぱいです」

マイホーム購入の話題は一旦棚上げし、まずは消費者金融への返済を優先することに専念、ユリさんはパートで働くことも検討している。在宅勤務によって、隠されていた夫婦の事情が露呈してしまった一件だった。

5 〝てまえどり〟が食品廃棄につながる本末転倒
「賞味期限ギリギリの牛乳ばかり買ってくる夫に怒りを覚えます」

スーパーなどでの購入時に、賞味期限の近い食品から買い物カゴに入れる「てまえどり」が呼びかけられている。多くの消費者に認知されたこの言葉は、2022年の「新語・流行語大賞」にもノミネートされた。ところが〝買い物慣れ〟していない人が絡むと、思いもよらぬ軋轢《あつれき》が起きることも――。

埼玉県在住のパート主婦フミコさん（42歳）は、「てまえどり」が原因で夫婦喧嘩になったという。フミコさんは夫と小学生の2人の子供の4人家族だ。

「すぐに使う食材は〝てまえどり〟を私も心がけていますが、ストックしておきたい牛乳や卵などは賞味期限がなるべく長いものを選んでいます」

そんなフミコさんの頭を悩ますのが、夫のこんな行動。

「夫はその日の気分で会社帰りにスーパーに寄り、晩酌のツマミに好きな惣菜を買ってきます。私の代わりに食料品も買い物してくれるのでありがたいのですが、賞味期限が迫って値引きシールが貼られた牛乳を2本も買ってきたりする。納豆やヨーグルト、パンも賞味期限ギリギリを選ぶし、見切り品の野菜を大量に買ってきたこともありました」

とても賞味期限内に食べきれないと困ったフミコさんは、夫に「すぐに使わない食材はできるだけ賞味期限が長いのを買ってきて」とお願いした。

「そこで返ってきたのは、『ママ、知らないの？　今の時代は〝てまえどり〟が当たり前なんだよ。お得に買えるし、エコにもなるし、活用しなくちゃ』でした。そうかもしれませんが、賞味期限が迫った食材を使って献立を考えるのは私。そもそも我が家の冷蔵庫のサイズを分かってないんですよ」

得意気な夫の返答に、思わず大きなため息をついたフミコさん。すると、「その態度が気に入らない」と指摘され、夫婦喧嘩が勃発。互いにヒートアップするうちに、「てまえどり」から話は逸れ、人格を傷つけるような罵り合いになってしまったという。

「言いすぎたのは反省していますが、無駄にしてしまう食材も出ています。〝てまえどり〟が悪いのではなく、時と場合によることを知ってほしいだけなのに……」

フミコさんの怒りが伝わったのか、夫の無闇な「てまえどり」は減ったものの、相変わらず牛乳だけは賞味期限ギリギリを何本も買ってきてしまうそうだ。食品ロス削減のための「てまえどり」が家庭での食品廃棄につながらないことを願いたい。

⑥ 電気代を節約しようとしたらご近所さんに心配される始末
「節電意識が低い夫にイライラするのは私だけ？」

2011年の東日本大震災以降、夏になると毎年のように節電が呼びかけられる。22年に勃発したウクライナ戦争などによる世界的なエネルギー不安の影響もあり、電気料金の値上がりも深刻だ。だが、家族の中で節電意識に差があると、フラストレーションが溜まっていくこともあるようだ。

東京都在住のパート主婦・マリさん（39歳）は、夫と12歳の子供の3人暮らし。家族に「節電」を呼びかけることに疲れを感じているという。

「夏になると『使っていない部屋の電気を消す』『エアコンの温度設定は下げすぎない』といったことを家族に伝えているのですが、子供はあちこちの電気をつけっぱなしにするわ、夫も全然協力してくれないわ……。私だけが節電に取り組んでいる状況にイライラします」

マリさんが節電に励む理由は、毎月の電気料金が家計を圧迫していることにある。その原因のひとつは、コロナ禍で始まった夫のリモートワークだった。

「コロナ禍が落ち着いてからも夫は原則在宅勤務です。書斎なんてありませんから、リビングをワークスペースにしたんですが、夏場になると暑がりの夫は朝から晩まで18畳のリビングでクーラーをガンガンにつけっぱなし。コロナ前の夏と比べると、電気代は月に1万円近く上がりました」

最新型の省エネエアコンの購入も検討したものの、まとまった出費は厳しいと判断して諦めた。就寝時に寝室のエアコンを使わないようにしてみたが、寝苦しくてこちらも断念。

「あれこれ試行錯誤してみても、どれもいい結果にならないんです」とマリさんは嘆くばかりで、ストレスが募った末に夫に文句を言ってしまったという。

「『家で仕事するのをやめて！』『もっと節電意識を持って！』と強い口調で注意したんです。夫はムッとした顔をしながらも、近所の図書館で仕事するようになりました」

最初は〝電気代が浮いてラッキー〟と思ったマリさんだが、事態は思わぬ方向に。

マリさんの夫が平日の昼間に仕事用の鞄を抱えて歩いている姿をご近所さんが目撃し、〝ご主人、リストラされたの？〟と心配されてしまったのだ。慌てたマリさんが事情を説明すると、ご近所さんは納得するどころか、夫の肩を持ったという。

「『ご主人、一生懸命お仕事してるんでしょ？　追い出したらかわいそうよ』と逆にプチ説教されました。そして『コワーキングスペースに行かせてあげたら？　図書館じゃ長居するのも厳しいわよ』と、お節介なアドバイスまでされたんです」

マリさんがコワーキングスペースの料金を調べてみたところ、1日利用で1000円ほど。しかも近所にはなく、交通費が往復で300円ほどかかることが判明した。

「それなら自宅で仕事してもらったほうが経済的ですよね。ご近所さんから指摘されてしまった手前、夫に自宅で仕事することを許可したんですが、夫は〝邪魔者扱いして追い出したくせに〟と拗《す》ねるばかりでした」

現在はマリさんがパートで外出する日だけ夫は自宅で作業、マリさんが休みの日はどこかで仕事をしている。「最近はご近所さんの目撃情報も聞かないので、どこかのコワーキングスペースに行っているのでは」とマリさんは推測するが、ひとつ気になることがあるという。

「その費用を請求してこないので、夫は自分の貯金からコワーキングスペース代を払っているようです。私もそこまでさせるつもりはないのに、意地になっているのか話し合いにも応じてもらえません。私の言い方がきつかったことは悪いと思いますが……」

今後も夫のリモートワークは続きそうなため、改めて省エネタイプのエアコンへの買い替えを検討中とのことだった。「ボーナスがたくさん出ることを期待しています」とマリさんは言う。

寝室のエアコンの設定温度ひとつとっても、節電への取り組みが夫婦仲をギクシャクさせることがある。電気代節約への取り組みは一筋縄ではいかない。

7 フリマアプリで〝薄利多売〟を続ける主婦の執念
「育児しながら稼ぐ大変さを夫は知らないんでしょうね」

本や衣類、家電、家具などの不用品を売って換金できるフリマアプリが活況を呈している。今やフリマアプリを使えば、誰でも手軽にお小遣い稼ぎができる時代だ。

埼玉県在住の専業主婦・アヤセさん（36歳）は、夫と5歳、3歳の息子の4人家族。

「子育てが落ち着くまでは専業主婦として家庭と家計を守っていきたいと考えていますが、夫の収入だけでは厳しいのが本音。少しでも家計の足しになればと思ってフリマアプリを始めました」

出品するのは年上のママ友からもらったおさがりの子供服が中心。1枚だけの販売だとあまり取引が成立しないことが多く、3枚ほどまとめて送料込み500円程度で出品しているという。梱包料や送料を負担すると手元に残るのは100円足らずということも多々あるが、それでも〝薄利多売〟を続ける理由をこう語る。

「塵《ちり》も積もれば山になります。先日、貯めたお金を使って、３０００円のお取り寄せグルメを注文しました。息子たちが喜んで食べている姿を見て、頑張った甲斐があったと思いましたね」

しかし、フリマアプリ活動に精を出しているアヤセさんに対して、夫はあまりいい気分ではないようだ。

「コンビニでの発送作業を夫に頼んでいるんですが、夫は『大した利益にもならないのに、俺をこき使うのはやめてくれ』と言うんです。いつもより10分くらい早く家を出て、梱包済みの品物を店員さんに渡すだけなのに、そんなに嫌がらなくても……」

そんな言い争いが増えて夫婦の溝が深まっていると話すアヤセさん。最近では「稼ぎたいならパートに出れば？」と夫に促されて、イライラしているという。

「育児をしながら収入を得るのがどれだけ大変なことか、夫は分かっていないんです。共働き世帯も増えていますが、私にはキャパオーバーで無理。子供が体調を崩すたびに職場に頭を下げて早退するのが、私の役目になるのは目に見えてます。出勤用の洋服代もかかりますよね？　髪の毛ボサボサじゃダメですよね？　働きに出るのもお金がかかるんですよ。自宅にいながらできるフリマアプリに力を入れたほうがいいと思いますけどね」

アヤセさんのフリマアプリ活動は順調のようだ。最近は「売るものがなくなってきているほど」で、今では〝仕入れ〟に必死なのだという。

「ママ友が多いので、衣替えの季節になるとおさがりをもらうようにしています。基本的には我が子に着せていますが、なかにはブランド品の洋服が入っていることもあります。状態がきれいなものは出品しちゃうこともありますね。ママ友も『もらってくれてありがとう』と感謝してくれているので、それを出品することに抵抗はありません。使えるものは無駄にしたくないですからね」

フリマアプリの利用者が増えているのは、アヤセさんのような事情と執念を持つ人が想像以上に多いからなのだろうか――。

8 プチプラファッションにパート代をつぎ込む妻に何も言えない夫の諦め
「1000円の買い物を注意する〝小さい人間〟に思われたくない」

女性向けファッション誌でしばしば特集が組まれる〝プチプラ〟をご存じだろうか。「プチプライスアイテム」の略語で、安価だがおしゃれで実用的な洋服や雑貨、化粧品などを指す。そんな〝プチプラ〟にハマった妻に困惑する夫の話——。

埼玉県に住む銀行員・コウタさん（32歳）の悩みは、2歳年下の妻がのめり込むプチプラアイテムの購入だ。

「暇さえあればネット通販でチェックして、週末は私とショッピングモールへ。頭の中はいつも買い物のことでいっぱいみたいです」

しかし、その不満はあまり表には出さないようにしているという。「妻もパートで頑張っていますので……」と遠慮がちにコウタさんは話す。

商品の値段は1個1000～2000円程度が多く、なかにはワンコイン商品もある。

扱っているのは主に大型ショッピングモールの店舗やネットショップ。使えるお金が少ない10代女子だけでなく、ミセス世代にも人気で、ローコストであることを感じさせない〝高見えコーディネート〟はSNSなどを通じて広くシェアされている。

コウタさんの妻も、自ら纏《まと》うプチプラファッションをインスタグラムにアップしており、フォロワーは何と3000人以上。〝参考にさせてください！〟といったコメントや、〝いいね！〟がたくさん届いているという。

「SNSへの投稿は、今では妻のライフワークになっているようです」

購入費は妻のパート代から捻出されているが、いくらプチプラとはいえ量が多いので月8万円程度のパート代が残ることはほとんどないそうだ。最近は妻が食費を切り詰めてまでプチプラにお金を回している様子さえあるという。

ただし、その心配を妻にぶつけるのには躊躇《ためら》いがあるようだ。

「1000円くらいの買い物まで指摘したら、自分が〝小さい人間〟なんじゃないかって。基本的には妻のパート代の範囲なので目をつぶるべきなんでしょうね」

ＳＮＳで妻のフォロワーが増えるほど、買い物の勢いも増し、〝他の人には負けられない！〟という思いも強まっていく。最近ではオリジナルのリメイクを施すことも増え、同じ洋服を何着も購入してアレンジを試行錯誤しているという。妻曰く〝一歩差をつけたオシャレ〟なんだとか。一度の会計が１万円を超えるとさすがにコウタさんも注意するが、〝１着２０００円もしないのよ〟と反論される。コウタさんは、「〝ハイブランド品を買って〟とせがまれないだけマシだと思うしかないですよね」と諦め気味だ。

コウタさんの話から察するに、妻は〝買い物依存〟というよりも、ＳＮＳで大勢のフォロワーから反応があることに喜びを感じている様子がうかがえる。コウタさんに必要なアプローチは、妻に買い物を控えさせることではなく、妻の心にある〝承認欲求〟を満たしてあげることなのかもしれない。

第2章 買い物編

無駄な出費を抑えたいだけなのに

❾ レジ袋有料化で白眼視される〝ポリ袋ハンター〟30代女性の強弁
「昔からやってる人がいるのに、今さら何？」

「気軽にもらえなくなるのは、やっぱり困るんですよね……」

少し苛立った様子で話すのは、埼玉県在住の主婦・ユカリさん（39歳）。夫と3人の子供（7歳、5歳、1歳）と暮らしている。最近問題視されている〝ポリ袋ハンター〟の当事者でもある。ポリ袋ハンターとは、スーパーマーケットに無料で置かれているロール状のポリ袋を必要以上に持ち帰る人を指す。ぐるぐるとロールを巻き取ることから、〝ポリ袋ぐるぐるマン〟と呼ばれることも。

購入商品を入れる目的で提供されているので、過剰に持ち帰る人に「マナー違反」といった批判の声が上がるのは仕方ないところ。特に2020年7月に始まった「レジ袋有料化」をきっかけに〝相互監視の目〟が強まり、客同士で「取りすぎだろ！」「いや、必要なんだよ！」といった言い争いが起きることもあるようだ。

「はっきりとした枚数は分かりませんが、1回の買い物で20枚くらいでしょうか」

始めたきっかけは、ママ友からの〝スーパーでもらえるポリ袋って便利だよ〟というアドバイスを聞いてから。「みんなもらっているし、悪いことをしているという意識は薄いですね」と話す。

それにしても大量のポリ袋を何に使っているのだろう。

「今のメインは使用済みのおむつ入れです。臭いも気にならないですよ」

以前はおむつ専用カートリッジで処理をしていたというが、1回あたり10円以上かかるうえに消臭効果をあまり感じられなかったそうだ。

「ポリ袋の上から新聞紙にくるんで捨てれば、消臭効果が高まるんです」

ちなみに自宅では新聞の購読はしておらず、こちらもスーパーで野菜や生花の包装用に無料提供されているものを持ち帰ってきているという。


〝用途〟は他にもさまざまだ。

「薄くて透明なので、子供服の仕分けに便利。外出時に大助かりです」

3人の子供を育てていることもあり、洋服を仕分けするのはかなり大変。今までは見栄えのいいビニールバッグを使っていたが、「ポリ袋の使い勝手の良さを知ってからは使い続けています。外出先などで破けても、気兼ねなく捨てられますし」という。

「料理にも重宝します。唐揚げの下味の揉《も》みこみや、野菜とドレッシングをシェイクして和《あ》える時に使いますね」

ユカリさんによると、これは多くの主婦が取り入れている料理術で、手を汚さずにテンポよく料理できるらしい。強度が気になるところだが、「ポリ袋を二重にすれば、まず破ける心配もない。だから多めにもらっているんです。材料の鶏肉はそのスーパーで買っているんだから、〝必要な分〟と言えるんじゃないかしら」と話す。

世間から白眼視されているポリ袋ハンター。ユカリさんは批判についてどう受け止めているのだろう。

「正直に言うなら〝今さら何？〟っていう感じですよ。昔から多くの人がやっていた気がしますけど。でも、今じゃ迷惑行為なんですよね。そう言われてしまうと持ち帰りにくいので、枚数を減らそうとは思いますが……」

言うまでもなく、無料のポリ袋は店側による「買い物サポート」として用意されたもの。購入商品の持ち帰りに使うことを想定しており、ユカリさんの言い分は〝屁理屈〟と判断する人が大半だろう。「必要な分」は利用者の主観に委ねる面が大きいだけに、消費者としての良識が問われている。

10 友人から「お金に困ってるの？」と呆れられてショック
「コスパのいい酒席、そんなにバカにされるとは……」

コロナ禍ではさまざまな自粛が求められてきたが、そのなかでも酒飲みにとって特にきつかったのは、飲食店が酒類提供を自粛した期間ではないだろうか。新型コロナが5類相当となってそうした光景は忘れられつつあるが、その時期に露わになった〝酒代感覚〟の違いが、その後の人間関係に影を落とすことも——。

東京都内の実家で両親と同居する会社員、タクヤさん（33歳）は、酒の席に誘われたことで友人たちとギスギスしたという。

「飲食店の営業自粛がきっかけで、自宅で飲む機会が増えました。好きなお酒を自分のペースで飲めますし、何より安く済むのが魅力。飲食店の営業がコロナ前と同様に戻った今も、頻繁に〝オンライン飲み〟をしています」

もともと酒好きのタクヤさんはＳＮＳを通じて飲み仲間を募るほど、オンライン飲み会にハマった。母が作った料理をつまみ、ネット通販で安く購入したお酒を飲む生活は金銭的なメリットも大きく、「酒の量を減らしてないのに、貯金額は過去最高になった」と鼻高々に語っていた。

そんな折、学生時代の友人たちからグループチャットで「久しぶりに居酒屋で飲もう！」と誘われたのだが、タクヤさんはリアル再会の嬉しさより、気の重さを感じてしまったという。

「正直、居酒屋で飲む魅力を感じなくなっていたんです。缶ビールならジョッキ1杯分でも300円で済みますが、居酒屋だと500円はしますよね？　喋りたければオンラインでいい。コロナが落ち着いてきたとはいえ我が家には高齢で体の弱い両親がいるので、やっぱり大人数での飲み会には躊躇いもありました」

そこでタクヤさんは両親の事情も伝えてオンライン飲み会を提案。ところが友人たちからは意外な言葉が返ってきたという。

「『オンラインじゃ、しらけるわー』『感染対策をきちんとしている店を選べば問題ないだろ』って。まぁ、確かにそうだなとも思って納得しかけたんですが、最終的には金銭的な部分で乗り気になれなかったんですよね」

そこでタクヤさんは、クーポンが使える食べ放題、飲み放題の店を提案した。〝これなら友人たちからも喜ばれる〟と思っていたのだが……。

「『そんなにお金に困ってるの？』と呆れた感じで心配されました。『社会人、独身、実家暮らしで、なんでそんなにお金がないの？』とまで言われた時はイラっとしましたね。僕はコスパの悪いことが嫌いなだけ。そこから僕をバカにするような発言へと変わっていきました」

言われて一番カチンときた言葉は「子供部屋おじさんみたい」だった。お店選びの話がタクヤさんへの冷やかしにと変わったメッセージのやり取りは、タクヤさんの〝既読無視〟で終了に。その後のことは分からないそうだが、「僕抜きで楽しんだんじゃないの？」とのことだった。

「この件はオンライン飲み友にも話したんですが、同情してもらえるどころか、『行けば良かったのに』とか、『久しぶりの集まりだったら、コスパよりも居心地や美味しさを重視するけどなぁ』と言われてしまいました。〝オンライン仲間〟にまで批判されたのはショックでした。人間関係を見つめ直すいい機会だと思うしかないですね」

これからも「コスパ良くお酒も人生も楽しみたい」と話すタクヤさん。今後は婚活にも力を入れていくそうだが、求める女性像は「貯金が大好きな女性」とのことだった。

「酒席」の考え方は、コロナ禍を経て大きく変化した。居酒屋で同僚や友人たちとワイワイ飲める喜びを改めて実感している人もいれば、自宅でゆっくり飲む酒の楽しみを覚えた人もいる。〝お酒が好き、みんなで会話したい〟は共通していても、その場所が必ずしも一致するとは限らない。

⑪ 教習費用と奨学金の「ダブル返済」に直面する新社会人の憂鬱
「仕方なく免許を取ったけど、喜びなんてありません」

昨今の物価高の影響で、運転免許証の取得費用も値上がりしている。自動車学校の教習料金は30万円前後が一般的だが、技能教習の追加や学科試験を再受験などした場合は追加料金が発生するため、想定していたよりも総費用が高くなってしまうケースも珍しくない。

かつては免許が取得できる年齢になれば〝必須資格〟とばかりに多くの人が教習所へ通ったものだが、最近は金銭面でのハードルが高くなってきているうえに、「免許を取得したところで喜びが感じられない」という若者も増えているようだ。

２０２３年春に大学を卒業して新社会人となった東京都在住のカズマさん（23歳）。就職直前の春休みに免許合宿で教習を終えたが、大学在学中は親との間ですったもんだを繰り返してきたという。

「大学に入学した頃から、母に『時間のある学生のうちに自動車教習所へ通いなさい』と言われ続けました。でも、都内で自家用車に乗る必要性は感じないし、免許を取っても車が買えるわけもないので、『必要ない』と聞き流していました」

事あるごとに自動車教習所へ通うことを勧めてきたカズマさんの母だが、その費用を援助してくれる様子はなかった。

「母はあれだけ免許が必要だと力説しながら、『自分で払うのが当たり前』だと。でも大学の友達に聞くと、大半が親に出してもらっていました。近所にある教習所の費用を調べましたが、学割を使っても25万円はかかるんです。毎月8万円くらいのバイト代から、そんな大金は捻出できません」

カズマさんが教習所通いを敬遠してきた理由には、コロナ禍という事情もあった。教習車の狭い空間では指導員や他の教習生とどうしても一緒にならざるを得ない。だから教習所に通うとしても、コロナが収束してからでいいと考えていたという。

そんなカズマさんだが、止むにやまれぬ理由で免許合宿へ通うことになる。

「入社前の2月の配属先発表で、地方勤務が決まったのです。会社に運転免許を持っていないことを伝えると、『絶対必要になるから合宿で取っておいで！』と言われたので、大慌てで申し込むことに……。

貯金もなかったので、仕方なく親から借りました。合宿は2週間もかかるので、春休みに予定していた友人との卒業旅行も泣く泣くキャンセル。学生時代最後の思い出作りができなかったうえ、これからは親に立て替えてもらった教習費用と奨学金のダブル返済が待っています。社会人生活がマイナスからのスタートになり、うんざりです」

無事に免許は取得できたものの、母からは「だから早く取っとけばよかったのに」と嫌味を言われ続けている。「どんな車に乗るか」という希望も「あまりない」とカズマさんは冷めており、就職後も社用車以外のハンドルを握ることはないという。

以前は運転免許証を取得するのが当たり前のような風潮があったが、「若者の車離れ」が言われて久しい昨今、免許を取得しない若者も増えている。そもそも、時間とお金の余裕がないと自動車教習所には通えない。

この先、車どころか運転免許証が〝贅沢品〟に数えられる時代になるかもしれない。

⑫ お金をかけなければ健康的な食生活は維持できないのか
「コスパ重視で食事しているつもりなのに、余計な出費が増えていた」

相次ぐ「値上げ」の波は、日常生活に大きな影響を与えている。食料品価格の値上げは、私たちの食生活のあり方すら変化させようとしているのかもしれない。民間の信用調査会社帝国データバンクの調査によると、2023年に値上げされる食品と飲料は3万5000品目前後になるという(値上げ予定含む)。「値上げラッシュ」と呼ばれた前年の2万5768品目を大きく上回る水準だ。

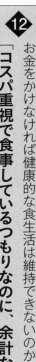

東京都在住の会社員、ショウゴさん(26歳)は、物価上昇の影響で食生活のバランスが崩れていると話す。
「スーパーで買い物をするたび、値上げしてるな……と思うことが増えました。ウクライナ戦争とか円安の影響などで仕方がないのは分かりますが、正直、生活は苦しいです」
ショウゴさんの月収は25万円弱。家賃5万円台の単身者向けアパートに住み、学生時代に借りた奨学金を毎月2万円ずつ返済しながら生活している。それでも出費を切り詰めて月に3万円ほどの貯金をしていたが、物価高でそれも難しくなった。そこで始めたのが「食費の節約」だった。

「毎月の貯金額をキープするには食費を削るしかないと考えたんです。もともと自炊していましたが、値引きシールが貼られた惣菜で済ますほうが安上がりと気づいてからは、節約できるうえに、料理に充てていた時間も浮いて一石二鳥と思っていました」

やがてショウゴさんの食事は、揚げ物や味の濃いものばかりになっていった。自炊していた頃は意識して食べていた野菜や魚を食べなくなり、少ない費用でカロリーと満腹感を得るための〝コスパ重視〟の食生活に。貯金額は月3万円を維持できたが、引き換えに肌荒れで悩むようになった。

「吹き出物が顔にでき始めたので、皮膚科を受診しました。医師から食生活の影響も指摘され、『野菜を多く摂り、栄養バランスの良い食事を心がけましょう』とアドバイスを受けました。ただ、真っ先に頭に浮かんだのはお金のこと……。それでも、今回の診察代や薬代で4000円近い出費になったことで、ようやく目が覚めたんです」

これを機に自炊生活に戻ったショウゴさん。「食生活を改めたことで吹き出物はなくなった」というが、休日に価格の安いスーパーをはしごして、お買い得品を探しているものの、毎月の貯金額は「頑張っても月2万円が精いっぱい。今までよりも減っていますね」とこぼす。

「この先も増税が控えていると言われていますし、もっと好条件の会社へ転職すべきなのか、それとも副業などで収入を増やすべきなのか……。グルメを楽しもうなんて思ってるわけでもないのに、お金がないと健康的な食事さえできない世の中に絶望している自分がいます」

13 社宅で「フリママママ」と呼ばれる30代主婦の葛藤

「良いものを安く買う努力は、恥ずかしいことですか？」

コロナ禍の巣ごもり需要でフリマアプリを利用するようになった人が増えている。フリマアプリ大手のメルカリの２０２３年６月期決算は、売上高１７２０億円、営業利益１７０億円と上場（２０１８年）以来の最高業績となるなど、業界は好調だ。ところが、東京都在住の30代主婦は、フリマアプリの活用で人間関係に思わぬ波風が立っていると話す。

掘り出し物に出会い、不要品がお金に変わるフリマアプリは、使い方次第で家計を助けるツールにもなる。夫と２人の子供（４歳、２歳）と暮らす専業主婦・チアキさん（33歳）は、フリマアプリで賢く買い物をしていると胸を張る。

「使用期間の短い子供服や、使用済みでも問題ないようなものは、フリマアプリにお世話になっています。そんな積み重ねの甲斐もあり、毎月一度は家族で焼肉店へ行けるくらい、家計に余裕が出ています」

チアキさんは不要品を売る際にもフリマアプリを活用している。コロナ禍の外出自粛の影響で着る機会がなかった新品未使用の冬服は、定価に近い価格で売れたそうだ。自宅にある不要品を出品し続け、その売上金で高級ブランドの中古コートを手に入れることもできたという。

「以前なら絶対に手が出ない10万円くらいのブランドのコートを3万円ほどでゲット。デザインはちょっと古いですが、状態も良く、着心地も最高です。いい買い物ができたと思っていたのですが、あることがきっかけで嫌な思いをすることになったんです」

それは同じ社宅に住む女性からの一言だった。夫の上司の奥さんで、社宅では〝ボス〟的な存在だという。

例のコートを着てエレベーターに同乗している時、「そのコート、かなり高いよね？」と声をかけられたチアキさん。フリマアプリで手に入れたと説明すると、「こんな高級ブランドを着てるから驚いちゃった。なーんだ、フリマアプリなのね」と、見下したような表情で言われてしまったのだ。

「うちは最近、この社宅に越してきたばかりなんですが、奥さん同士でマウンティングを取るような言動が日常茶飯事で気が滅入ります。社宅だから、話をしないわけにもいかないですし……」

そんなやり取りがあってからは、〝ボス〟とその取り巻きはチアキさんのことを〝フリママ〟と呼ぶようになったという。

「娘にブランドロゴが入った子供服を着せていると『これもフリマアプリ？』、近くのコンビニで会うと『またフリマアプリの発送？』という具合。良いものを安く手に入れようとするのは、そんなに恥ずかしいことですかね？」

あまりの鬱陶《うっとう》しさに、一時期はフリマアプリの利用をやめようと思ったものの、今はこのことをバネに貯金をして戸建てを購入する計画を立てているそうだ。チアキさんは、「節約しながら目標達成に向かっていけるのは楽しい」と話す。

安く買い物することを〝ケチくさい〟と感じる人もいれば、〝賢い〟と考える人もいる。他人の「買い物の価値観」に無造作に足を踏み入れると、思わぬハレーションが起きることもあるので注意が必要だ。

⑭ ガソリン代だけでOKと思い込んでいる同乗者への憤り
「乗せてもらってるんだから、自発的に高速代を払うものでしょ？」

ガソリン代、駐車場代、自動車保険料、さらには車検代……自家用車の所有には何かと維持費がかかるが、ハンドルを握らない人からすればそうした出費はピンと来ないかもしれない。誰かの車に乗せてもらうようなケースでは、そんな意識ギャップが原因で人間関係に亀裂が入ることがある。

友人にイライラを募らせているのは東京都在住のエミコさん（70歳）だ。

「高速料金ってタダじゃないんですけど！」――エミコさんの憤りの矛先はゴルフ仲間に向けられている。

エミコさんが参加しているゴルフグループは、50～80代の男女15人程度が名を連ねている。ほとんどは同じレッスンスクールで知り合った仲間で10年来の付き合いだ。

「車を持っていない人や長距離運転が苦手な人が多いので、いつも私が２～３人を拾って

いくパターンです。我が家の車は夫が10年以上前に購入したセダンで、リッター7キロ程度しか走りません。ガソリン代がけっこうかかるので、ゴルフの時は1人当たり500円をお願いしています」

しかしエミコさんには、まだモヤモヤが残っている。高速道路の料金だ。

「往復で5000円以上かかるのに、誰も高速代を払おうとしないんです。〝払って〟と言えない私もいけないのですが、〝どうやら〟500円には高速代も含まれている〟と本気で思っているのかもしれません」

そこでエミコさんが思いついたのが「一般

レーン」を通過する方法だった。窓を開けて財布から現金を払っている姿を見せれば、さすがに分かってくれるだろうと考えたのだ。ＥＴＣのほうがスムーズで割引もあるが、仲間に高速代を認識してもらうための〝ショック療法〟だ。しかし、エミコさんの作戦は思わぬ結果を招いてしまった。

「東京湾アクアラインの料金（ＥＴＣ割引のない通常料金は普通車で片道３１４０円）を払うために財布から五千円札を係員に渡したら、『えっ、高速代ってこんなに高いの？　これからは一般道にしてくれていいからね』と、サラッと言われました。一般道で行ったら３時間かかるのを知らないんですか？　運転する私の大変さは無視ですか？」

運転する側と乗せてもらう側のガソリン代や高速料金をめぐる行き違いは、親しい者同士ほど生じやすいようだ。親しき仲にも〝精算〟あり――金銭的なことで揉めないよう、仲間を気遣うことを忘れないようにしたい。

15 「非常食ストック」を意識しすぎる主婦を反省させた息子の一言
「お母さん、同じレトルトカレーばっかり出さないで」

東日本大震災から10年以上の月日が流れたが、大災害はいつまたやって来るか分からない。「震災の教訓」から、防災グッズや非常食の備蓄をしている家庭もあるだろう。とはいえ、あまりに心配が過剰になると、家族から不満が漏れることも――。

東京都在住のパート主婦・アヤコさん（43歳）は、「3・11」をきっかけに、日用品や非常食のストックを意識した生活をしている。

「2011年の震災発生当時は、生まれて間もない息子の育児の真っ最中。しばらくの間は紙おむつと粉ミルクを探し求め、赤ちゃんを連れてドラッグストア巡りをしたつらさを鮮明に覚えています。それ以来、非常時に対応できるよう日用品や食品を自宅にストックする癖がつきました」

そんな心掛けの甲斐あって自宅には十分な備蓄があり、コロナ禍の際もマスクや食料品の買いだめ騒動に巻き込まれることなく対処できた。ところが、最近になって災害用として自宅に備蓄している非常食を巡って夫と言い争いになったという。

「『缶詰の賞味期限、切れてるよ。さすがに買いだめしすぎじゃないの?』と注意されたんです。普段から何もしない夫に言われたことにイラッとして、『緊急事態宣言の時にマスクに困らなかったのは、私がちゃんと買い足していたおかげでしょ!』と言い返してしまいました」

アヤコさんがやっているのは、非常食を定期的に消費しながら新たに買い足す「ローリングストック」という備蓄方法。しかし、セールなどで非常食が安く売られているとつい買いすぎてしまい、3人家族で1か月分近い量が常時家にある状態だという(一般的な目安は3日~1週間分)。どこかのタイミングで購入数を抑えれば済むのだが……。

「私にとってストックは、もはや趣味のひとつ。お得なものをまとめて買うことが賢い生活術だと思っています。それに10年くらいストックを意識して生活すると、日用品や非常食がなくなって収納に隙間ができるとソワソワして落ち着かなくなっちゃうんですよ。この気持ち、多くの方に共感してもらえるんじゃないでしょうか」

夫から何と言われようがストック生活をやめるつもりはないというアヤコさんだが、息子からの一言をきっかけに少し悩んでいるようだった。

「息子から、『同じ味のレトルトカレーばかり出さないでよ。お母さんの手作りカレーが好きなのに』と言われてしまったんです。私としては賞味期限切れ直前のレトルトを放出しただけなんですが、息子にとっては手抜きをされているように思えたんでしょう。夫から言われるとイラッとするだけですが、息子から言われてしまうと……。少し考えを改めたほうがいいのかな」

有事の際に重宝する日用品や非常食だが、アヤコさんのように心配が過剰になれば今度は処理が追いつかなくなってしまう。特に賞味期限のある非常食に関しては、購入も利用も計画的に。

⑯「赤ちゃん物価指数」の上昇が子育て世帯の家計を直撃
「紙おむつ代が高すぎる！　1日10回交換するんですよ？」

「赤ちゃん物価指数」をご存じだろうか。浜銀総合研究所のエコノミストが「粉ミルク」「乳児服」「乳児用紙おむつ」「幼児用玩具」などの物価から算出した指数だ。同研究所によると、2023年5月の「赤ちゃん物価指数」は前年同月比6・9ポイントプラスで、同月の全国消費者物価指数（前年同月比3・2ポイントプラス）の2倍超の上昇となった。かくも子育て世帯に物価高が直撃している。

千葉県在住の専業主婦・ミカコさん（36歳）には、もうすぐ2歳になる長女がいるが、紙おむつの消費スピードに衝撃を受けているという。

「初めての育児で慣れていないのもありますが、特に夏場は肌荒れが心配なので1日に10回くらい交換しています。1袋50枚入りで1000円ちょっとしますが、1週間ももちません。夫の収入はほとんど上がっていないのに、今後も値上げの可能性があるかもしれないと思うと家計が心配です」

他の家庭と比べて紙おむつの消費ペースが速いことは自覚しているが、〝脱おむつ〟の取り組みはなかなかうまくいかないという。

「夫に相談すると、『娘のトイレトレーニングをもっと頑張ればいいんじゃないの？』と言われてしまいました。私としても早くおむつを卒業してほしいので何度もトライしてきたのですが、イヤイヤ期も重なり成功しません。しかも夫からは『紙おむつがそんなに高いとは思わなかった』『子供に寄り添う気持ちが足りないのでは』と叱られる。どうしたらいいか分かりません……」

育児関連の出費の悩みは紙おむつだけではない。新しい子供服を買ってあげる余裕がないことだ。

「すぐにサイズアウトするのは分かっているので、フリマアプリでまとめ売りされている洋服を買って着せています。オシャレな新品を買ってあげたいとも思うのですが、すぐに無駄になると思うと手が出ません」

値段はピンキリだがフリマアプリだと1着50〜100円。独身時代の貯金でやりくりしており、最近はフリマアプリを眺めて可愛い洋服を探すことが唯一の楽しみだという。

埼玉県在住の会社員（育休中）・ユウカさん（34歳）は、10か月の息子の粉ミルク代に頭を悩ませていた。

「完全ミルクで育てているので、粉ミルク缶（約800グラム）は1週間もたずにカラになります。安売り時にまとめ買いするようにしていますが、それでも1か月1万円弱の出費です」

出費以上に頭を痛めているのは、しばしば家に現れる義母の言葉だという。

「まとめ買いした粉ミルクの缶を見るたびに、『ユウカさんは母乳、出ないんだっけ？』と大声で言ってくるんです。母乳が出ないことは私の中で大きなコンプレックスなので触れてほしくないのですが、『お友達のお嫁さんは母乳育児なのよ』などと、私が聞いてもない情報をベラベラ……。身内であるお義母さんからそんな言い方をされるとは思っていませんでした」

義母は、出産して間もない時期に、母乳が出やすくなるマッサージのハウツー本などを渡してきたこともあったという。そうしたプレッシャーもあり、ユウカさんは一時期、育児に自信が持つことができなかったそうだ。

夫に相談すると「無視していい」と言ってくれはするが、義母をたしなめてはくれない。最近はできるだけ義母と鉢合わせしないようにしているとのことだ。

もともと育児にはお金がかかるうえ、「赤ちゃん物価指数」に見られるように、紙おむつや粉ミルク、ベビーフードなどの値上げが積み重なれば、子育て世帯への影響はかなり大きくなる。物価高を受けて、低所得の子育て世帯に向けた現金給付など支援策が始まっているが、あらゆる物価が上がっている現状では焼け石に水ともいえる。そこに周囲の無理解が加われば、ミカコさんやユウカさんのように不満が募るのも無理はない。

17 家事代行サービスが期待はずれだった依頼者の悩み

「自宅を知られている相手に悪い評価なんて書けません」

「以前から家事代行サービスには興味がありました。でも値段的に躊躇してしまって……。そんな時に知ったのが、家事代行のマッチングサイトでした」

そう語る東京都在住の健康食品会社勤務のサユリさん（31歳）は、マッチングサイトで評価の高かった60代女性・Bさんに依頼したという。料金は3時間で約5000円だった。

依頼内容は、自分では億劫《おっくう》な水回りの掃除。事前にメッセージ交換でやり取りするとBさんも快諾してくれたのだが、サユリさんは、「とても満足できる内容ではなかった」と肩を落とす。

「依頼したのは風呂・トイレ・キッチン・洗面台で、3時間あれば十分と思います。ところがキッチンは手つかずで終わっていました。風呂掃除に半分かかってしまったという説明でしたが、正直、私が簡単にやるのと差はなかったです」

家事代行サービスは、大きく2パターンに分けられる。

ひとつは、企業が派遣する家事代行スタッフが担当するもの。料金は1時間当たり3000円程度と値が張るが、スタッフは研修で清掃の専門技術を身につけているので、高い満足度を得られるといわれている。

もうひとつはサユリさんが利用したように、フリーランスのハウスキーパーと利用者の個人間で契約を結ぶ方法だ。料金は企業派遣タイプの半額程度で、そのマッチングを行う専用サイトも増えている。だが、家事のスキルは人によってバラツキがあるので、サイト内の評価や事前のやり取りなどを通して、利用者自身が判断する必要がある。

マッチングサイトでのBさんのプロフィール欄には〈専業主婦歴20年。家事大好きです！〉と書かれていたこともあり、サユリさんの期待が膨らみすぎていたのかもしれない。Bさんが掃除を終えて帰った後、他の利用者のことも考えて、せめて自分は厳しくとも〝適切な評価〟をしなくては……と思ってパソコンに向かったが、そこでサユリさんの手は止まってしまったという。

「冷静に考えると、Bさんは私の自宅を知っているんです。悪い評価を書くことでもし逆恨みされたら……と思ったら、良い評価以外は書けませんでした」

結局、モヤモヤとした気持ちを伝えることはできず、サイトに記入してつけた評価は満点の「星5つ」。コメント欄には「大変助かりました。またよろしくお願いいたします」と書いたという。

サユリさんは今後、スタッフ研修がしっかり行われ、一定の仕上がりが保証される業者型の家事代行サービスを利用することを決めた。マッチングサイトはリーズナブルだが、時として期待はずれなこともあり、もし問題が発生すれば個人間で解決しなくてはならない。利用する際にはメリットとデメリットを慎重に比較しておく必要がある。

18 キャッシュレス決済の怖さを知った男子大学生

「〝小銭ジャラジャラマン〟と冷やかされたってかまわない」

現金を直接やり取りする必要のないキャッシュレス決済は確かに便利だが、利用には細心の注意も必要だ。

「ポイント還元につられて、色々な決済サービスに登録してしまいました」

千葉県在住の男子大学生・ユウさん（21歳）は、キャッシュレス決済を利用しすぎたことで痛い思いをした。

現金の代わりにクレジットカードや電子マネー、QRコードを用いるキャッシュレス決済（電子決済）の認知度は高まっている。事業者だけでなく政府も「ポイント還元事業」を展開したことでキャッシュレス文化は広がり、経済産業省によると2022年の消費額に占めるキャッシュレス決済比率は36・0％。2020年初頭からのコロナ禍の影響もあり、2019年（26・8％）から10ポイント近く上昇した。

そうしたなかユウさんは、事業者による顧客獲得のための還元キャンペーンを見つけるたびに会員登録をしてきたという。確実に覚えているのは5社だが、「もしかしたら他にも登録しているかもしれない」と話す。

「銀行口座との紐づけを求められることが多かったです。でも会員登録する時はそんなのどうでも良くて、〝ポイントがもらえるなら登録しなければもったいない〟という気持ちでした」

新規登録すれば1000ポイント（1000円相当）以上もらえるキャンペーンもあり、学生のユウさんとしては助かったそうだ。

「〝〇〇（店舗名）で利用すると20％還元〟〝期間中に利用すると全額キャッシュバックのチャンス〟などの案内を見てしまうと、『利用しないと損だ！』って思っちゃって……」

ユウさんは買い物のたびに、最も還元率の良い決済会社を選んで利用していたが、何種類ものキャッシュレス決済を日常的に使ううちに、全体でどれだけ利用していたかを把握しきれなくなったという。

「キャッシュレス決済は便利で楽でしたが、気づいたら銀行口座の残高が1967円まで減っていたんです」

高額な買い物はしていなかったものの、コンビニなどでの日々の出費がかさんでしまっていたようだ。

「決済残高が足りなくなったら、ネットバンキングで数千円を即チャージして使っていました。冷静に考えたら、僕の3時間分のバイト代だったんですよね」

他にクレジットカードの支払いも残っていたユウさんは、田舎の両親に泣きついて立て替えてもらうことにした。

「キャッシュレスだとまた使いすぎてしまうのではという不安があるので、社会人になるまでは現金払いの生活をするつもりです」

友人からは〝小銭ジャラジャラマン〟などと冷やかされるが、ユウさんは自分のキャッシュレス管理能力を反省しつつ、今は現金払いを貫いている。

⑲ 古株会員の嫌がらせを受けてもフィットネスクラブに通い続ける理由

「一人暮らしの私が誰かとつながれるのはここしかない」

新型コロナの感染拡大初期、フィットネスクラブが〝クラスター発生場所〟のひとつとして注目を集め、利用者の間に不安が広がった。なかでも感染にとりわけ敏感な高齢者たちが集う施設では、さまざまな形で利用者間の軋轢が起きていたようだ。

「まさかこの歳になって、こんな陰湿な嫌がらせを受けるとは……」

東京都内で一人暮らしをする無職・マユミさん（69歳）は、定期利用するフィットネスクラブでの人間関係に悩んでいる。

そのフィットネスクラブでは、「施設内にある大浴場が目的」というシニア会員が多い。広い湯船に浸かれる喜びだけでなく、一人暮らしの高齢者たちが〝リスク管理〟の意味合いで利用するケースも多いようだ。自宅の風呂場で滑って転倒したり、のぼせてしまったりしたら誰も助けてくれない。フィットネスクラブなら周囲に人がいるので安心なのだという。マユミさんも浴場利用がメインで、10年近くほぼ毎日のように通っていたが、コロナ禍のなかで利用方法を変えた。

「感染リスクを減らすために長居を控えるようにしたんです。そこでフルタイム会員から月会費の安いデイタイム会員に切り替えました。今後の生活を考えるとお金の節約も大事ですしね」

デイタイム会員には「利用は平日のみ、17時まで」という制限があるが、会費は月に3000円ほど安くなる。ところがプランを切り替えて間もなく、トラブルに遭遇してしまった。

「その日はついつい仲間との会話も弾んで、気づいた時には16時50分。慌てて着替え支度を始めたんですけど、古株の会員女性が杖で脱衣所の床を叩きながら『時間よ！　時間よ！』と、私に言ってきたんです」

マユミさんは慌てて支度したものの、施設を出る時は17時を少し過ぎてしまった。それからは余裕をもって出るように気をつけていたものの、知らないうちにこんな噂が広がっていたという。

「『お金に困ったからデイタイム会員になった』とか、『資格がないのに不正利用している』などと囁かれるんです。私に注意した古株さんは噂が大好き。発信元は絶対にこの人だと思います。時間をオーバーしたのは一度だけなのに……」

この一件以来、17時近くになるとスタッフがベルを鳴らしに来るようになった。マユミさんは16時までの利用を意識し、陰口を叩いていると思われる会員とは距離を置くようにしたという。

デイタイム会員に切り替えて2年近くになるが、古株会員は今も健在。まだ陰口を叩かれているのではないかと不安を覚えるものの、「一人暮らしの私が誰かとつながれるのはここしかない」と自らに言い聞かせ、平日は毎日のように通っている。

20 オンラインクレーンゲームに月10万円つぎ込んだ30代男性
「景品には興味ない。観客からの期待が嬉しくて」

ゲームセンターでは定番の「クレーンゲーム」。最近ではインターネットで遠隔操作し、獲得した景品が自宅に届く「オンライン版」も人気を博している。このゲームにハマって多額のお金をつぎ込んだ30代男性に話を聞くと、のめり込んだ理由は「景品欲しさではない」と言う。

「コロナで外出を自粛していた頃に出会いました。取れそうで取れない……。そうなると僕、ヒートアップしちゃうんですよ」

そう語るのは千葉県在住の飲料メーカー勤務・ダイチさん(32歳)。オンラインクレーンゲームは通信環境が整っていれば自宅でも楽しめることから、コロナ禍の娯楽としても人気を集め、今も趣味にしている人は少なくないようだ。

その話を聞いて筆者もオンラインクレーンゲームに挑戦した。2回プレイして景品獲得とはならなかったが、他のプレイヤーが遊んでいる様子を画面で見ることもでき、誰かが成功した様子を目撃した時は、嬉しい気持ちになった。

ダイチさんのデビューは、コロナ第5波の猛威で首都圏に4度目の緊急事態宣言が発出された2021年夏のこと。最初のうちはログインボーナスでもらえる無料プレイで楽しんでいたものの、なかなか景品が獲得できないモヤモヤが募り、気づいたら1万円分のポイントを購入していたそうだ。

「景品が欲しくてプレイしていたつもりでしたが、本当は違ったようです」

コンスタントに成功するようになったあたりから、自分のプレイを観覧する人数が気になり始めたという。〝知らない誰かに応援されている〟――そんな期待感を自覚し始めると、課金する手が止まらなくなり、生活費まで取り崩す事態に。クレジットカードのリボ払いを使い、ひと月で10万円をつぎ込むこともあった。

「自宅には獲得した景品が山積みになっています。フリマサイトで売るのも面倒なので、推しのアイドルにプレゼントしちゃおうかな？」

ダイチさんには長年追っかけているお気に入りのアイドルがいて、彼女に獲得した景品をプレゼントするつもりだという。話を聞けば聞くほど、本人は景品自体にほとんど興味がなく、〝獲得に至る過程〟にハマった様子がうかがえる。ただ、景品の数と反比例するように貯金の残高は間違いなく減っている。さすがに最近は控えており、「お金のかからない趣味を探したい」と話していた。

絶妙なゲームバランスがとられているオンラインゲーム。射幸心や周囲からの注目に煽《あお》られて、想定額を大幅に超えて課金してしまうユーザーもいる。熱くなりすぎるのは禁物だ。

第3章 仕事編

職場の不満は〝言わぬが花〟

㉑ 復活した忘年会の出欠確認で若手幹事を襲った悲劇

「いつも来ない人に『除け者にしたのか！』と怒鳴られるとは……」

コロナ禍を機に、職場の〝恒例行事〟のあり方は大きく変化した。２０２２年10月に東京商工リサーチが全国４６１１社を対象にした「忘・新年会に関するアンケート調査」によると、「開催しない」と回答したのは61・４％。それでも前年調査からは９・０ポイント減少しており、再開を模索する会社も少なからずあるようだ。

そんな忘年会の〝復活〟を決めたある会社では、コロナ前には想定していなかった問題に苦しむ若手幹事がいた。

東京都在住の会社員・ユウジさん（31歳）は疲れ切っていた。

「コロナで見送ってきた忘年会が３年ぶりに開催されることになりました。幹事は気を遣うことばかりで大変です……」

勤め先は建築資材を扱う中小企業で従業員は30人ほど。50代の職人気質の社員が多く、

コミュニケーションがうまく取れないこともあるという。

開催を決めたのは社長（40代）で、社内の親睦を図るためとのことだった。「思い付きで物事を決めるため、振り回されることばかり」と言う。

「まず、お店選びから気を遣います。『脚が悪くて座敷席はダメだ』とか、『油っこい食事は苦手』とか色々と注文が多いんです。予算も高すぎては文句が出るため、コース料理と飲み放題で5000円以内を目安に探しました」

とはいえ、どんなに配慮してお店を選んでも文句を言う社員が必ずいるので、最終的には社長に決めてもらったという。

それ以上に頭を悩ませたのは出欠確認だった。大半の社員は期日までに返事をしてくれたものの、対応に困る50代の社員が2名いた。

「『どうされますか？』と訊いただけなのに、Cさんからは『俺はそういうのに出ないって知ってるだろ？　わざわざ聞きに来るなよ』と睨《にら》まれました。その方は大ベテランなので本当に気を遣います」

もうひとりのDさんは取引先回りで社内にいることがほとんどなく、なかなか会うことができなかった。こちらも気難しい性格で、ユウジさんも年に数回だけ事務的な会話をする程度の関係性だった。仕方なく携帯電話に連絡しようとしたが、パートの女性社員たちから止められてしまう。

「『あの人はどうせ来ないから数に入れなくて大丈夫よ。それよりも電話するほうが迷惑って文句言われるよ』って。Dさんは基礎疾患もあるようで、コロナ以降は密になりやすい場所は避けているとも聞きました。コロナ前も社内の飲み会には滅多に参加したことがなかったので、あえて確認しなくてもいいかと思ったのですが……」

ところが忘年会の前日になって、Dさんがユウジさんの元へ怒鳴り込んできたのだ。

「『お前、俺のことを除け者にしたのか！』と、すごい剣幕でした。そんなつもりはまったくなかったと弁解しましたが、Dさんの怒りは収まりません。なんとかパートの方たちがなだめてくれました」

しかもDさんは、今回は忘年会に出席するという。これには多くの社員が驚いたが、ユウジさんは怯《おび》えていた。

「憶測だけで判断してしまったことは反省していますが、あんなに怒らなくても……。忘年会の場でも罵倒されるのではと不安です」

幸いにも何事もなく忘年会は終えたものの、それからは社内でDさんに挨拶しても一瞥《いちべつ》されるだけ。もともと上下関係などに気を遣いがちな会社の忘年会や新年会だが、コロナ禍を経て「参加するかどうか」の判断基準も個人レベルで揺れ動いている。幹事になったら、出欠の意向確認は慎重に。

22 定年後再雇用の職場で芸能ニュースをチェックする日々

「給料泥棒扱いされたって、会社に残りたいんです」

2021年4月に「70歳定年制」などを定めた改正高年齢者雇用安定法が施行されてから2年半が過ぎた。『令和5年版高齢社会白書』によると、就業者と完全失業者を合わせた「労働力人口」に占める65歳以上の割合は13・4％（2022年）で、右肩上がりに上昇している。働く意欲のある高齢者が増えたともいえるが、現実には「生活のため」に働き続ける人も多い。

東京都在住のフミオさん（62歳）は再雇用制度を利用して同じ会社に勤めている。

「給料がもらえるのは感謝していますが、正直、私は〝邪魔者〟なんじゃないかと思っています。仕事はほとんどなく、定時を待つだけの毎日。原則として希望者は再雇用してもらえますが、このままでいいのかどうか」

フミオさんは約20年前から建設会社の事務職として働いている。前職ではリストラに遭い、ハローワークで今の職場を見つけたという。定年前の年収は400万円ほどだったが、再雇用後は300万円弱に下がった。

「業務は請求書の作成ですが、最近は30代の女性社員が1人でこなしているのが現状です。手伝おうとすると嫌な顔をされるので、私は主に電話応対をしていたのですが、新規取引先には英語やカタカナの社名も多く、伝言を間違えて迷惑をかけてしまうこともしばしば。次第に億劫になり、今では電話が鳴っても出ないようにしています」

最近は、換気のために職場の窓を開け閉めしたり、観葉植物に水をやったりするなどの〝社内美化業務〟に勤しんでいるが、これだけでは時間を持て余してしまう。そこでフミオさんが〝新たな業務〟として見出したのがネットニュースのチェックだ。

「世の中ではいろいろなことが起きているのに、忙しい社員は情報に目を通す余裕がありません。私が職場の仲間に最新ニュースを伝えると、『フミオさん、情報通ですね!』と感心されるようになりました。特に盛り上がるのは芸能ニュースで、最近は社内が少し明るくなったように思います」

だが、フミオさんの行為を快く思わない人もいるという。
「先日、50代の男性社員から小声で『この給料泥棒が』と言われました。ですが、私に〝普通の仕事〟をさせたくなさそうな雰囲気があるのも事実です。再雇用になるまでは、皆と仲良く仕事ができていたはずなのに……」

そんな状況でも「できるだけ長く会社に残りたい」とフミオさんは言う。
「辞めたら次の仕事はないと思います。この歳になって新しいことを覚えるのも大変ですしね。中小企業でしかも私は中途採用ですから退職金は微々たるもので、年金だけではとうてい生活できません。それに、どんなに居心地が悪くても自宅で妻からガミガミ言われるよりマシです。とにかく私にはここしか居場所がないんです」

定年を迎えた後も、働き続けることで社会とのつながりや収入を確保しようと考える人が増えている。自分の武器になるスキルを増やし、再雇用後も必要とされる人材になるのが理想だが、その道は険しい。

23 スケジュール帳が埋まってないと不安な〝空白恐怖症〟

「自分が暇な時に同僚が仕事してると、怖くて仕方ない」

予定が埋まっておらず、何もすることがない状態に不安を感じる。予定が何もないのに、ダミーやフェイクの予定を入れてしまう——そんな状態を指す「空白恐怖症」は、「大辞泉が選ぶ新語大賞２０１８」で大賞に選ばれて話題にもなった。特にコロナ禍で外出自粛が叫ばれていた時期には、外にも出られず、何の予定もなく、不安な日々を過ごす人もいたようだ。

千葉県在住の飲食店アルバイト・アスカさん（29歳）は、スケジュール帳が埋まっていないと不安で仕方がないという。

「好きなことを自由に楽しむために、大学卒業後は正社員ではなく、働き方の融通が利くアルバイトの道を選びました。20代半ばまでは毎日予定があって充実していましたが、コロナの影響もあって最近は空白だらけの日々。予定のない日は何をしたらいいか分からず、ネガティブな気持ちになることが多いです」

以前は学生時代の友人と出かけることが多かったものの、友人たちは続々と結婚。最近ではママになった同級生も増えてきており、彼女たちのSNSを見るのがつらいそうだ。

「『結婚しても変わらない付き合いをしようね！』と誓い合った親友でさえ家庭を優先するようになって、置いてけぼりにされた気分になりました」

いくらか自由を失っても充実したスケジュールにしたいという思いから、正社員を目指した時期もあったそうだ。しかしコロナ禍で思うような職には巡り会えず、キャリアを積んでこなかったことなども影響して、転職活動は難航しているという。

「最近は婚活に力を入れています。出会いの場はマッチングアプリや婚活パーティーです。少なくとも予定は埋められるし、運命の人に出会えるかもしれないし」

男性とデートをする際は割り勘が多いアスカさん。ランチでも1000円程度はかかり、洋服代もかさんできたという。「婚活の成功とスケジュールを埋めるためにも、今後はアルバイトの掛け持ちを考えている」と言うが、言葉の端々から人生に迷走している様子もうかがえる。

東京都在住の会社員・テルキさん（36歳）は、仕事のスケジュールが空いてしまうことに強い恐怖感を覚えている。

「勤め先は大手企業で、給料も十分にもらっています。仕事はそこそこ忙しいのですが、たまに暇になってしまうことが怖くて仕方がないんです」

今の業務は繁忙期と閑散期の波が激しいとのこと。閑散期に同僚が大きな仕事をこなしている姿を見ると、一歩リードされたようで落ち着かない。率先して手伝ったりもしたが、自分の評価につながらないと気づいてやめたという。

「そこで取り組んだのが自分自身のスキル向上でした。専門書を読んだり、会社帰りにセミナーに参加したり。知識が深まるだけでなく、同じような仲間と出会えるのも最高だと思っていたのですが……」

あるセミナーで知り合った同世代の男性と意気投合したテルキさんは、毎晩のようにその男性と食事を共にした。最初は「最高の友人ができた」とまで思っていたものの、徐々に会話は新規ビジネス起業の誘いに変わっていった。会社を辞めるつもりがなかったテルキさんが断ると、その後の連絡は途絶えてしまったという。

「この件をきっかけに自分自身を見つめ直しました。そこで分かったのは、人に会って充実した気分になっていただけで、結果何も得るものはなかったということ。やることがなくなってしまうと今も不安で仕方ないですが、焦りすぎも良くないと思ってゆっくりする時間を大切にするようになりました」

最近の趣味は食べ歩き。仕事の閑散期はSNSで見つけて気になった飲食店へ足を運んでいるという。その甲斐あってか、「むしろ同僚や友人たちとの会話の幅は広がっている」と話す。


スケジュールが空いてしまうことに不安を覚える気持ちは分からなくもないが、たまには何もしない日を作ってみると、今まで見えなかった新しい発見があるかもしれない。

24 テレワークの〝お気に入りスポット〟には理由がある

「バレたら大変なので、会社にはもちろん妻にも内緒です」

新型コロナの影響により定着したテレワーク。５類への移行によって出社勤務に戻す会社も増えているようだが、それでも在宅勤務のメリットが認識されたことで「仕事場＝オフィス」という常識は大きく変化している。

作業環境が整っていればどこでも仕事ができるので、時には気分転換を兼ねて自宅以外の場所で仕事をしてみたいと思うこともあるだろう。「お気に入りのテレワーク場所」があるという３人に話を聞いた。

埼玉県在住の出版社勤務・ミキさん（31歳）が頻繁に利用するのは自宅近くにある喫茶店やカフェ。おいしいコーヒーを楽しみながら仕事をしている。

「コロナ以降の喫茶店は密を避けたテーブル配置なので、隣にお客さんがいても割と静か。お得なモーニングタイムなら、食費も節約できて一石二鳥です」

黙々と仕事をしているようで、実は密かな楽しみもあるという。

「同じように仕事をしている素敵な男性をよく見かけます。喫茶店通いを続けていれば、若い頃から憧れていた運命的な出会いも期待できると思うと、なんだか気持ちが高まります」

テレワーク主体となってから人と会う機会が減少し、気が滅入っていた時期もあったが、今は出勤するよりも〝運命的な出会い〟を想像しながらの仕事に励んでいるという。

逆にオープンな環境が苦手な人もいる。東京都在住の輸出関連業・カズヒコさん（43歳）は、自宅に妻と幼い子供がいるので、作業に集中したい時には漫画喫茶に出かけて仕事をしている。

「個室なので人目を気にせず集中できます。そして驚くほど安い。この前8時間ほど利用した漫画喫茶は、クーポンを使えば1000円程度の支払いで済みました。ドリンクも飲み放題ですから、コスパは最高です」

軽食のサービスがあったり、併設の大浴場を無料で利用できたりする施設もあるという。

だが、居心地が良すぎるがゆえの弊害もあるようだ。

「やみつきになるくらい快適。監視の目がないのでつい昼寝をしたり、長時間にわたって漫画を読んでしまったりすることも。会社にはもちろん、妻にも内緒。バレたら大変ですからね」

多い時は週5日のペースで漫画喫茶に通っていたカズヒコさんだが、安いとはいえ出費が気になり始めたという。割引率の高いクーポンを発行する店を探すなどの工夫をしながら、新しい働き方を楽しんでいる。

薬品メーカー勤務・クミコさん（34歳）は、少し変わった場所でテレワークをする。日帰り温泉施設だ。

「入浴に岩盤浴も付いて2000円弱。朝から晩まで滞在しても一律なので、お財布にも優しいです。Wi‐Fiやコンセントなどの設備も整っているので、仕事をするうえで問題はまったくありません」

混雑する時間帯はスペース確保に苦労するが、そんな時は温泉や岩盤浴を楽しみながら席が空くのを待つ。「リラックスできる環境での作業はとてもはかどる」と力説するが、気が散ることもあるという。

「長時間滞在できるからか、学生カップルの人気デートスポットになっているんです。特に2人掛けのスペースでは目を覆いたくなるほどイチャイチャする場面に出くわすことも。背を向けて見ないようにするのですが、その様子を覗《のぞ》こうとしている中年男性と目が合ってしまい、その時は気まずくて仕方がありませんでした」

もっぱら学生の利用が少ない平日の昼間を狙って利用しているそうだ。

環境が整っていれば、どこでも仕事ができる時代。それぞれの働き方や事情によっても「お気に入りのテレワーク場所」は変わってくる。自分に合った「仕事場」を探してみるのも面白そうだ。

25 高齢者だらけのフィットネスクラブは「超・超高齢社会」の縮図
「″あの子は愛想が悪い″と言われると評価が下がる」

内閣府がまとめた『令和5年版高齢社会白書』によると、2022年10月1日時点の日本の高齢化率（65歳以上人口の割合）は29・0％。上昇傾向が今後も続くのは確実で、2036年には3人に1人が高齢者となると推計されている。

そんな「超・超高齢社会」の縮図がフィットネスクラブに垣間見える。筆者の通う東京郊外のフィットネスクラブでは、平日昼間に組まれているヨガや体操などのレッスンは60代以上の利用者が大半を占めている。ラウンジではシニア世代が会話しながらランチを楽しみ、次のレッスンを待つ風景を目にする。新型コロナが猛威をふるっていた時期は閑散としていたものの、局面が変わった今、フィットネスクラブは高齢者の憩いの場に戻っている。

フィットネスクラブのフロントで働く東京都在住のメグさん（29歳）は、そんな高齢の利用者たちに頭を悩ませていた。

「フロント業務をしていると、器具の扱いに不慣れなご高齢の会員さんに対する苦情が多く寄せられます。おだやかに注意しても、『私をバカにしているのか！』と怒鳴る人もいらっしゃって……」

利用者の意見を聞くのもスタッフ業務とはいえ、一部の高齢会員に対応する業務量が多すぎて、清掃や入会案内などに手が回らないほどだという。責任者にその旨を伝えても具体的な改善策は示されず、メグさんだけが疲弊する状態が続いているそうだ。

「利用者の半数以上が60歳以上の会員さん。売上を支えてくださる大切なお客様といっても過言ではありませんが、ここは介護施設じゃありません。私たちはご高齢の方への声掛けや対応に慣れておらず、万が一のことがあっても責任は負いきれないので不安です」

実際にメグさんが恐れていたことが発生した。70代の女性会員が大浴場でのぼせて転倒してしまったのだ。幸い大きなケガはなかったが、緊急連絡先に記されていた女性の息子に連絡したところ、意外な言葉が返ってきたという。

「ジム側の落ち度を指摘されると思っていたのですが、『母はフィットネスクラブ通いが

生きがいです。いつもありがとうございます』と言っていただいたんです。対応に困ることは多いですが、必要とされる場で働いているのだと実感しました」

千葉県内のフィットネスクラブでインストラクターとして働くマオさん（23歳）は、スマートフォンの操作法を聞かれることにうんざりしているという。

「元気なシニア会員が多く、皆さんいろいろなことに興味津々。最近のブームはSNSで、私との写真を撮って自分のSNSにアップするんです。そのたびに、『文字のデコレーションはどうやったらいい？』とか、『加工で肌をきれいにしたい』などと聞いてくるので困ってます」

時にはデータのバックアップの取り方なども聞かれるという。「携帯ショップじゃないと分かりませんよ」と断っても、「えー、若いんだから知ってるでしょ？」と納得してくれないことも。

「地域密着型の小さなフィットネスクラブなので、インストラクターは会員さんからの評価に敏感です。特にシニア会員さんは地域の事情通であることが多いので、〝あの子は愛想が悪い〟などと噂されて嫌われようものなら評価が下がってしまいます」

最初から高齢会員ばかりを想定したビジネスモデルでないだけに、運営側の対応が追いついていない側面もあるだろう。確実に訪れる「超・超高齢社会」に向けて、対応が求められているようだ。

26 幼稚園の「おたより」をめぐる世代間ギャップ
「いつまで手書きにこだわるの？」「変えるほうがリスクでしょ」

コロナ禍を機にオンライン授業の導入が進み、学校と生徒・保護者間の連絡手段にもさまざまなITツールが導入された。そうしたDX（デジタルトランスフォーメーション）の波は、幼稚園にも押し寄せているが、教員たちの間でもどの程度取り入れるべきか、意見が分かれているようだ。

千葉県在住の幼稚園教諭・ショウコさん（24歳）は、「幼稚園の仕事がアナログすぎてうんざりしている」と嘆息する。

「保護者への毎週の『おたより』を手書きで作っているんです。パソコンのほうが早くてきれいな仕上がりになると思ってベテランの先生に相談したのですが、『うーん、温かみがないなぁ』と却下されました。親御さんに読んでもらうものなのだから、読みやすさ重視で当然でしょう。納得できません」

そもそも手書きが苦手なショウコさんは、「おたより」を1通作成するのに3時間くらいかかってしまう。帰宅してからの作業が常態化し、自分の時間が減ってしまうことに悩んでいた。

「おゆうぎ発表会の時には、『最近は安くてかわいい衣装がネットで手に入るので、それを使いましょう』と提案しましたが、それもベテラン先生たちに却下されました。理由は『手作りのほうが雰囲気に合っているから』だそうですが、使うのは一瞬です。そのために、私たちの時間を大量に割くのはおかしいと思います」

業務負担を減らすためにいろいろな提案をしても、ベテラン先生からは「時間と手間をかけるほうが保護者からの印象が良い」と言われ続け、ショウコさんは別の幼稚園への転職を検討しているほどだという。

逆に「今までのやり方を変えるのはリスクがある」と指摘する声もある。埼玉県在住の幼稚園教諭・タカコさん（48歳）は、20代の職員たちに手を焼いているとこぼす。

「『紙のおたよりじゃなくてメールでいいのに』と不満を言う若い先生は少なくありません。

ですがメールチェックの習慣のない保護者もいて、そういう人に限って『そんな話、聞いてないです！』と猛クレームが来る。その都度確認の連絡をするくらいなら、紙のおたよりを連絡帳に挟んで子供たちに持たせたほうが確実なんです。今まで続いてきたやり方には、それなりの合理的な理由があるんですよ」

タカコさんは幼稚園教諭歴20年以上のベテラン。手書きのおたよりも、学芸会の衣装づくりも苦ではないという。

「慣れれば早くできるようになるんです。むしろ、今までのやり方を変えられるとついていけなくなる不安があります。ＩＴを使って効率を重視する世の中だとは思いますが、子供と保護者のかかわりが大切な幼稚園の仕事は例外だと思います。先生が丁寧に作った愛情いっぱいの教材は、子供たちにもいい影響を及ぼすと信じています」

ＤＸを推進すべきかどうかの判断は、世代によってもギャップがある様子。さまざまな事情で〝アナログ文化〟から抜け出せない職場は、幼稚園に限らずあちこちにありそうだ。

27 職場で「エコバッグ軍団」に詰め寄られたパート主婦の後悔

「〝レジ袋派〟とカミングアウトしなければよかったです」

「家庭でごみ袋代わりにしていたので、有料化は残念です」――そう語るのはパート主婦・ミナコさん（36歳）だ。２０２０年7月に始まったレジ袋有料化を機会にエコバッグを利用する人が増えているが、ミナコさんはその波に抗《あらが》っている。

「ごみ袋として利用するのはもちろんですが、スーパーで買い物をするとお肉の汁が漏れたりするんですよね。衛生的にも心配ですし」

ネット上では「エコバッグの衛生面」を疑問視する声も上がっており、ミナコさんのような意見は少なくないようだ。

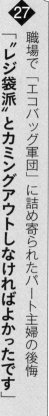

「一番困っているのは、パート仲間同士でのエコバッグトークです。私がレジ袋を購入していることを話さなければよかったのですが……」

ミナコさんの仕事は商品の検品作業。節約意識の強い同僚が多いという。そのためレジ袋に数円払うことに対して〝もったいない〟という意見を持っている人が大半で、「思い返せば、レジ袋有料化が実施される前からエコバッグを持ち歩いている人もいましたね」と話す。

最初にプチバトルが勃発したのはある日のランチタイムだった。ミナコさんがコンビニのレジ袋を持っていたら、パート仲間から「買ったの？　もったいないよ〜」と声をかけられた。「食事のごみをそのまま捨てられるから便利ですよ」と答えたら、渋い顔でジロッと睨まれ、「自分のことばっかりなんだね」と言われてしまったという。

その数日後に職場で開かれたのは、何と〝エコバッグのお披露目会〟。パート仲間が持ってきたのは高級スーパーや人気ブランドのエコバッグ、キャラクター入りのエコバッグ……と実にさまざま。ランチタイムは「それ、かわいいわ〜！」や、「○○さんのは丈夫でいいわね」といった会話で盛り上がっていた。

エコバッグを持っておらず何とも窮屈に感じていたミナコさんに、年長の同僚がこう話しかけてきた。

「100円ショップでも売ってるの、知ってる？」

ミナコさんは改めて「値段の問題じゃなくて、衛生面の観点からエコバッグを使わないの」と説明したが、その言葉を遮るように「じゃあ明日、いいもの持ってきてあげる」と言われたのだという。

翌日、〝いいもの〟がミナコさんに手渡された。持ち帰り専用のスーパーのカゴと、ティーン向け雑誌の付録らしきポップなデザインのエコバッグだった。

たしかにスーパーのカゴならプラスティック製なので衛生的に保つことができそうだし、付録のエコバッグもパート仲間の〝気遣い〟だったのかもしれない。それでも「ミナコさん、いいものもらったわねぇ」と、小馬鹿にする口調で声をかけてくる同僚に苛立ちを感じずにはいられなかったという。

「この前、〝貧乏人ほどレジ袋を買うのよね〜〟って話しているのを聞いてしまいました。別にウチはお金持ちじゃないですけど、何か悲しかったです」

それ以来、職場にレジ袋を持っていくと、「○○さんからもらったエコバッグ、使わないと！」と言われるように。ミナコさんが好きなデザインのエコバッグを用意したらしたで、「○○さんからもらったのに買うなんてエコじゃないでしょ！」と茶化されるという。

「単調な作業の職場ですので、周りのちょっとした一言が気になって仕方がないんですよね。私のいないところで何を言われているか、想像するだけでつらいです」

この件を機にパート仲間との冗談の言い合いや距離感に悩むようになったミナコさん。かといって転職しようにも近くに働き口はなく、「私にスキルがあれば違ったかも」と嘆いていた。

エコバッグ普及の目的は環境問題の解決であって、人間関係にヒビを入れることではない。価値観の異なる人に強制して満足したつもりになっていても、相手が本音ではどんな思いを抱いているのか想像すらできていないのかもしれない。

28 夫に毎日弁当を持たせる主婦に突き刺さった友人女性の言葉
「上司が職場の机で弁当を広げていたら引いちゃうよ」

長引く物価上昇局面は、サラリーマンの「ランチ事情」にも影を落としている。福利厚生の食事補助サービス「チケットレストラン」を運営するエデンレッドジャパンが2023年5月に実施した「ビジネスパーソンのランチ実態調査2023」によると、「昨今の物価高や値上げにより、勤務日に使えるランチ代に変化はありましたか？」の質問に約4割が「減った」と回答。「金額を理由に食べたいメニューを我慢したことがある」は約7割に達した。そうしたなか、ランチ代節約のために夫に弁当を持たせるようにした主婦は、友人からの〝思いがけない指摘〟にショックを受けたという。

東京都在住の専業主婦・ユキさん（37歳）が、その経緯を語る。

「先日、夫から『お小遣いを上げてほしい』と要求されました。物価高の影響もありランチ代は1000円近くかかってしまうようで、毎月2万円のお小遣いではかなり厳しいとのことでした。でも、我が家の家計では5000円アップも厳しくて……。そこでお弁当にすることを提案しました」

前日の夕食の残り物が中心だが、夫は「ユキの料理は大好きだし、ランチ代も浮くから趣味にお小遣いが使える」と喜んでくれた。ところが、ユキさんが学生時代の友人たちにその話をすると、意外な言葉が返ってきたという。

「私としては、『すごいね』『偉いなぁ』と褒められるかなと思って話したのに、『ユキのご主人って課長さんでしょ？　毎日お弁当を食べている姿を見たら、部下の方々はどう思うのかしら？』と言われたんです」

夫も同意していることを説明したものの、「ランチで職場のコミュニケーションが深まることもある」「高いって言っても1食1000円くらいでしょ？　この先どうなっちゃうの？」などの言葉はユキさんの心にグサグサと刺さった。

「一番こたえたのは、『出世してる男性って、ランチ代なんて気にしてない』でした。そりゃあ、友人たちはいわゆるバリキャリ女子ですから、職場で仕事のできる男性たちを毎日のように見ているのでしょう。『上司が昼休みにデスクで弁当を広げていたら引いちゃう』と言われた時は、夫までバカにされた気分でした」

ちなみにこの日の友人たちとのカフェ代は1人3000円近く。この出費のためにユキさんは1か月近く節約を重ねてきたのだが、友人たちは気にする様子もなかった。

「節約は良いことだと思って生活してきましたが、近年の物価高は節約だけではカバーできないことに気づきました。私も働いて稼いでいたら、夫は会社で弁当を食べることなく済んだのかもしれません。子供が1人で留守番できるようになったので、私も働きたいという気持ちになりました」

友人たちが指摘するように、職場での昼食は〝仕事の延長〟という側面もあるのかもしれない。だが、物価が上がれば毎日の出費となる昼食代を節約せざるを得ない状況も生じる。たかがランチ、されどランチ。さまざまな判断基準が絡んでくるから難しい。

第4章 家族編

やっぱり尽きない「親子の問題」

29 「親ガチャに外れた」と思っても断ち切れない関係性

「弟をダシにして生活費援助の連絡をしてくるのは卑怯でしょ」

生まれてくる子供は親を選ぶことができないことを指す「親ガチャ」という言葉は、2021年の流行語となった。東京都在住の公務員・カズキさん（24歳）は、「親ガチャに外れてお金で苦労した」と話す。両親と2人の弟がいる5人家族で育ったが、大学を卒業した後は実家を出て一人暮らしをしている。

「私の両親はいかにも〝夢追い人〟タイプ。父は趣味のバンド活動を優先したくて定職に就かず、アルバイトを掛け持ちして生計を立てていました。母はそんな父を怒る様子もなく、欠かさずライブを観に行く熱烈ファン。夫婦仲はいいのですが、家計は火の車で親戚にも金銭面で迷惑をかけていたようです」

小学生の頃には文房具すら買うのを渋られ、カズキさんは同級生にからかわれた。子供ながらに両親を強く責めたこともあったが、「カズちゃん、そんなに怒らないでよー。うち、お金ないんだもん」とヘラヘラ笑って煙に巻かれるだけだったという。

「両親のような人生を送りたくなかったので、安定した職に就きたいという気持ちが強くなりました。奨学金を借りて大学に進学し、父とは真逆の公務員になることができました。決して贅沢できるほどではありませんが、自由にお金を使える喜びを実感しています」

そんなカズキさんだが、いまも両親の軛《くびき》から逃れきれないという。

「最近、父はバンドの動画配信で稼ごうと考えているらしいのですが、配信に集中するあまりバイトに行く時間がなくなり、私に『生活費を援助してほしい』と連絡が来るようになりました。特に卑怯だと感じるのは、いちばん下の弟をダシにしてくる時です。『中学の制服代、貸してくれない？』なんて言われたら、援助しないわけには……。電話を着信拒否にしたいところですが、弟が自立するまでは我慢するしかありません」

実家が裕福でも「親ガチャ失敗」と感じる人もいる。東京都在住の会社員・ヒトミさん（34歳）は、今は夫と3歳の娘の3人暮らしだが、幼少時から母親の過干渉に悩まされ続けてきた。

「父は上場企業に勤めるサラリーマン、母は専業主婦の家庭で育ちました。お金に苦労したことはありませんが、『あなたはお母さんの子なんだから、言うことを聞くのは当然よ』と言われ続けてきました。進学先や習い事は母親が同意しないとダメ。私宛てのメールをチェックされるのも当たり前でした。

今の夫との交際に口出しされたことをきっかけに実家を離れ、両親の許可を得ないまま結婚。この頃にようやく母の〝支配〟のヤバさに気づいたんです」

母親は、ヒトミさんの夫を「中の下ランク」と評した。共働きで暮らすことを伝えると「やっぱり甲斐性なしね」と蔑《さげす》んだという。孫の誕生を機に親子関係が好転しかけた時期もあったが、それも〝過干渉〟になっていくまでに時間はかからなかった。

「我が家へ来るたびに、『ベビーフードばかり食べさせると偏食になる』といった持論を押しつけてくるようになったんです。『子供が子供を産んじゃった感じで、目が離せないわ〜』と得意気に言われた時には、気持ち悪ささえ感じました」

しばらくして実家から離れた場所へ引っ越し、母親と距離をとったヒトミさん。

「引っ越し先で同年代のママ友に『実家近くに住めるのに、もったいないよ』と不思議がられました。それが一般的な感覚なんだと思ったら、切なくなったんです。もしかしたら娘だって近くにおばあちゃんがいるほうが安心かもしれないと思うと、悩みは深いです」

「親ガチャに外れた」と感じる子供たちは、自立した後は極力親と距離を取ろうとするが、それでも親の影響から完全に逃れるのは至難の業のようだ。

30 コロナで〝密〟になった義母との距離感に戸惑う妻
「割り切った関係を続ける私は薄情者でしょうか？」

「嫁vs姑」は昔からファミリードラマの定番題材だが、核家族化が進んで『渡る世間は鬼ばかり』のような〝ベタなバトル〟は少なくなり、今や法事や帰省といった〝年に1～2回〟の限られた場面でしか関わらないというケースも多いだろう。だが、コロナ禍でむしろ嫁姑関係が〝密〟になった人もいる。リアルで会えない状況と引き換えに、安否確認や近況報告のメールやテレビ電話で「良くも悪くも接する機会が増えた」というのだ。

東京都在住の元看護師・クミさん（38歳）は義母との付き合いに悩んでいた。クミさんの家庭は夫と小学生の息子2人の4人家族である。

「コロナが猛威をふるった2021年の夏まで看護師として働いていましたが、激務で退職しました。今は家事と育児メインで、以前よりは少しのんびりと生活しています。でも、夫がそのことを義母に話してしまい、やり取りが増えてきたんです」

義父に先立たれ、70代半ばの義母は遠方で一人暮らし。コロナの流行もあって2年以上直接会っていなかった。もともと定期的に孫の写真を送ったり電話をかけたりはしていたものの、クミさんの退職を機に連絡の頻度が増えたという。

「専業主婦は時間に余裕があると思っているようで、『毎日1枚でいいから孫の写真を送ってほしい』とか、『話し相手になって』とか……。最近はネット通販にハマっているようで、孫へのプレゼントもすごいんです」

あまりにも連絡が頻繁になってきたので、いちいち返信しないこともあるというクミさん。すると1万円近くする有名ブランドの子供服を何着も送ってくるようになった。

「自分たちでは買えない額なのでありがたいですが、子供の成長は早いのですぐに使えなくなりますし、オシャレすぎるデザインなので普段着には向かないものばかり。夫に相談すると、『お袋が好きでやってるんだから、もらっておけばいい』と言いますが、もらいっぱなしというわけにもいきませんし、何よりもったいないです」

そこでクミさんは、持て余した新品ブランド服をフリマアプリで売ってお金にすることにした。

「モノはいいですから、ほぼ定価で売れて結構な額になりました。最初はプレゼント攻勢にうんざりしていましたが、最近は割り切って考えています。それもあって、以前よりは義母に優しく接することができている気もします」

〝売却益〟が増えていくうちに、写真を送ることも話し相手になることも苦ではなくなってきたそうだが、「自分は薄情なのではないか」と悩むことがある。

「素直にプレゼントを喜んだり、義母との電話を楽しめたりすればいいのですが、やっぱり関係がコロナ前より密になったことに辟易《へきえき》してしまう気持ちがあるんです。関係維持のためにも当面はこの方法で乗り切るつもりですが……」

コロナは〝嫁姑の生活様式〟も大きく変えた。より良好な関係を築いたケースもあれば、クミさんのように戸惑うケースも。今後は「嫁姑ドラマ」もステレオタイプな二世帯同居ではなく、さまざまなパターンになっていくのかもしれない。

31 帰省費用は誰が負担する?

「『交通費を出さなきゃ孫に会わせない』はひどすぎます」

新型コロナの5類移行後初めてのお盆は、新幹線、飛行機ともコロナ以前の利用水準に戻った。離れて住む家族との久しぶりの再会を喜ぶ声が上がる一方、〝帰省の復活〟によって新たな悩みを抱えた家族もいた。

東京都内で夫と二人暮らしの専業主婦・マキコさん(70歳)は、東北地方に住む息子家族の夏の帰省でモヤモヤしたことがあったという。

「孫が夏休みに入った7月下旬、息子(38歳)から〝孫を連れて帰省する〟と連絡がありました。コロナ禍で3年以上も会えてなかったので、〝孫の好物を作って待ってるよ。楽しみだわ〟と大喜びで返事したのですが……」

その直後に息子から出てきた言葉は、何と「往復の新幹線代だけど、5万円くらい出してもらえないかな?」だった。

「夫はもう退職して年金以外の収入もありませんし、息子家族をもてなす準備にもお金がかかります。〝いいよ〟とは即答できませんでした」

息子の家族構成は、パート勤務の妻と5歳、3歳の男の子の4人。仕事は医療関係で、給料は同年代の平均よりも少し多いくらい。住宅ローンや教育費でそれなりに出費はあるものの、マキコさん夫婦に援助を求めるようなことはこれまでなかったという。そのため、交通費の無心には困惑したようだ。

「車も新しく買ったばかりで、金銭的に厳しいのかなと思いました。そうはいっても私たち夫婦だって年金生活です。夫にも相談して『交通費までは出せないよ』と息子に伝えました」

息子は「そうだよな。無理言ってごめん」と納得してくれたのだが、驚くことに息子の妻が強硬に〝抵抗〟したのだという。

「交通費のことで息子と電話していると、受話器越しに『じゃあ〝孫に会わせない〟って言っちゃいなよ！』とお嫁さんの声が聞こえたんです。孫を人質にするなんて、ひどい話じゃないですか？」

結局、息子家族は新幹線ではなく自家用車での移動に変更し、交通費を節約して帰省することに。到着するや、息子の妻から「あーあ、渋滞で疲れちゃいましたよ」と愚痴を聞かされ、マキコさんは〝やっぱり新幹線代を出してあげればよかったのかしら〟といたたまれない気持ちになったという。それでも孫たちは久しぶりの東京を満喫し、『お正月にも遊びに来たいな』と言ってくれたのが何よりの救いだった。

後日、マキコさんは同年代の卓球サークルのメンバーにこの顛末《てんまつ》を話すと、意外な言葉が返ってきた。

「サークル仲間は『お金が厳しいなら、無理に帰省してくれなくていいんじゃないの？』『私の家だって援助する余裕なんてないわよ』と、それぞれの事情を話してくれたんです。〝私が薄情なわけじゃないんだ〟とホッとしました」

友人たちが同調してくれたこともあり、心が晴れてきたマキコさん。ところがしばらくして、さらにショックを受ける出来事が起きた。

「お嫁さんから、『私の両親が帰省費用を全額出してくれることになったので、年末年始は私の実家で過ごします』と連絡が入りました。私たちが気前よく帰省費用を出していたら、こんなことを言われずに済んだのかもしれません。向こうの実家との財力の差を痛感させられました」

仕方がないこととは分かっているが、孫たちに会えない年末年始のことを想像すると悲しい気持ちになるばかり。マキコさんは「息子に窮屈な思いをさせてしまって申し訳ない」と嘆いている。

子供家族の帰省費用を親が援助するかどうかは、それぞれの家庭の慣習や移動距離によって判断が大きく分かれる。負担してあげたい気持ちと経済力は必ずしも一致しないだけに、親子で率直に事情を伝え合うしかないだろう。

32 「出生数80万人割れ」の背景にある子育て世代の本音

「第2子出産に踏み切れない事情を察してください」

2022年の日本の出生数は統計開始以来、初めて80万人を割りこんだ。「静かな有事」「国家存亡の危機」と指摘する声も出るなか、岸田文雄・首相は「異次元の少子化対策」を掲げたが、出産・育児の適齢期にある人々の悩みはそう簡単に解消されそうにない。

東京都在住の会社員・アキさん（29歳）は、夫との間で育児に対する考えがまとまっていないため、子供を持つことを前向きに考えられないという。

「会社経営の夫は激務で家にいられる時間が限られます。私の両親は都内に住んでいますがやはり仕事が忙しく、出産後の育児でサポートを頼みにくい。私のワンオペ育児になるのは確実です。夫は『考えすぎても仕方がないよ、まずはチャレンジしてみよう！』と言いますが、無責任な発言にしか聞こえず、うんざりしてしまいます」

夫は子供をつくることにとても前向き。だからこそ、意見の衝突が頻繁に起きてしまうという。両親に相談したこともあったが、「協力してあげたいけど、私たちもまだ働いているから、難しいのよ」と言われてしまった。

「自分が出産・育児する場面を細かいところまで想像してみると、十分なお金があるかどうかだけでなく、人手と時間の余裕も大切だと痛感しました」

夫も実家も頼れそうにない現実を受け止め、アキさんは出産・育児をしながらでも働ける環境を整えるべく、勤務先の上司と話し合いを重ねているという。「私自身が〝大丈夫〟と思える環境が整ったら、前向きに子供のことを考えたい」と話す。

東京都在住の専業主婦・アオイさん（45歳）は、健康面の不安が理由で第2子の妊娠・出産に向かうことを躊躇っていると打ち明ける。

「不妊治療の経験、第1子の妊娠時に切迫早産で入院したこと、45歳という年齢……もう一人子供がいたら賑やかだろうなと想像することはありますが、現実的には厳しいと思っています」

夫は48歳で結婚生活は15年目になるが、30代は夫婦でキャリア形成を優先したため、出産は先延ばしにしていた。そしていざとなったらなかなか妊娠できず、不妊治療を始めた。第1子を授かったのは治療開始から3年目だったという。

「働きながらクリニックに通うのは大変だったし、妊娠できない焦りなどから精神的に参ってしまい、妊娠直後に退職しました。今は子育てに専念できる環境ですが、これまでのことを思い出すと次の妊娠をポジティブにとらえることができません」

夫婦の間では「3歳になる一人息子を大切に育てていこう」とまとまっているものの、ご近所の若いママ友たちの〝応援〟の言葉が心をざわつかせるそうだ。

「『年齢なんて関係ないよ！』『入院中は私たちが息子さんの面倒をみてあげるから』などと言われるのですが、私にとっては負担感しかありません。私の苦労を分かってほしいとまでは言いませんが、第2子出産に踏み切れない事情は察してほしいです」

子育てに対する考えや環境は家庭ごとに異なる。とはいえ、子供を持つことを望む人たちが妊娠や出産・育児に二の足を踏むような社会では、「異次元の少子化対策」もそれほど効果は期待できないかもしれない。

33
「布おむつ派」「紙おむつ派」それぞれの主張

「〝おむつ姿の息子〟と過ごせる時間は限られているんです」

日本で紙おむつが普及したのは1980年代といわれる。以降、「〝紙〟と〝布〟のどちらを使うべきか」という〝おむつ論争〟は、育児や医療・介護などの場面で何度も繰り返されてきた。今やドメスティックな議論ではなくなり、「SDGs（持続可能な開発目標）」達成に向けての議論のなかでも、〝おむつ問題〟が取り上げられることがある。

東京都在住の部品メーカー勤務・エリさん（30歳）は、2歳の娘を保育園に入れる際に、おむつに対する考え方が変わったという。

「その保育園はポリシーとして布おむつだけを使用していたんです。説明を受けた時は〝洗濯の手間が増えそうだな〟と心配しましたが、洗濯は業者に委託していたので保護者の負担は一切ありませんでした」

それまでは紙おむつを1日5枚くらい使っていたが、今では保育園が休みの日くらいしか使っていないという。

「それまでは1か月に最低3パック以上買っていたので、布おむつメインに変えて２０００円以上は出費が減ったと思います。娘も排泄による不快感を伝えてくれるようになったので、トイレトレーニングがスムーズになりそうです」


千葉県在住の専業主婦・ユリコさん(34歳)も〝布おむつ派〟だ。

「環境に対する配慮や肌への負担軽減などの観点から、ずっと布おむつを使っています。最初に50枚ほど用意したので初期投資はかかりましたが、手作りすればそんなに負担ではないと思います。周りのお母さんからは『洗濯とか大変でしょ？』と聞かれますが、使い始めてすぐに慣れました」

収入は夫に頼っているので贅沢はできないが、今の生活に満足していると話す。

「子供はどんどん成長していきますから、おむつを着ける息子との時間は限られています。だからその期間は手間を惜しまずに育児をしたいんです。私自身も布おむつで育ち、親から愛情を注いでもらいました。息子にもそのバトンを渡したい」

一方で、「紙おむつ一択」と断言する家庭も多い。東京都在住のアパレルメーカー勤務・チサトさん（36歳）は、1歳の娘の子育て中だ。

「吸水ポリマーの性能が良くて漏れにくいし、使用後は捨てられる。育児には欠かせません。育児はストレスフリーが一番ですから」

ネット通販の特売日に合わせて、紙おむつをまとめ買いする。安いだけでなく、かさばる荷物を自宅まで配達してくれるので重宝しているという。

「布おむつを考えたことは一度もありません。コスパで比べれば布おむつに分がありそうですが、仕事をしながらの育児はとても大変。洗濯に手間をかけるほど、精神的に余裕がないというのが本音です」

費用だけでなく、環境、子育て方針、そして親のライフスタイルも——おむつ事情にはさまざまな要因が絡み合っている。

34 「リスキリング」を勧めてくる夫に募るイライラ
「仕事の大切さは理解してくれても育児の大変さは分かってくれない」

2023年1月、岸田文雄・首相の「育児中などさまざまな状況にあっても、主体的に学び直しに取り組む方々をしっかりと後押しして参ります」という国会答弁が物議を醸した。岸田政権が推進する「リスキリング（学び直し）」を、産休・育休中でも取り組むよう求めているものと受け止められ、「育児中にそんな余裕はない」「子育ての大変さを理解していない」と批判を浴びた。同様の軋轢は夫婦間でも起きている。

長男の出産からおよそ半年が過ぎた今、神奈川県在住の会社員・サクラさん（33歳）は育休中の過ごし方に関する夫の発言にカチンときている。

「初めての出産・育児で毎日ヘトヘトなのに、夫は『会社に行かなくて済む今の時間が大切だよ』と言ってきます。私の仕事の大切さは理解してくれているのですが、一方で育児の大変さはまったく分かっていないんですよ」

サクラさんの業務はメーカーの広報。最新の流行にアンテナを張らなくてはならないため、育休中もニュースチェックは欠かさないが、夫は「今のうちにそれ以外のことも勉強しておかないと」と言う。なぜそこまで強く妻にリスキリングを求めるのだろうか。

「今の部署では毎日残業2時間くらいは当たり前。育児との両立が難しいので、小さい子供がいる女性社員は部署異動となるケースが多いんです。そうした状況が予想されるから、夫は『別の部署に配属されても大丈夫なように』と言うのですが、私としては今の会社で広報業務ができなくなるなら、多少給料が下がってもいいので転職を考えています。ところが夫にそう伝えると、『考えが甘いよ』と言われてしまって」

夫がリスキリングを促す背景には、住宅ローンの返済問題があるのだという。

「出産を見越して1年前にマイホームを購入したばかりで、ローン返済は月々15万円。育休後に私の収入が下がれば、共働きを前提とした返済計画が崩壊してしまうのを夫は心配しているのでしょう。今となっては身の丈に合わない買い物だったのではないかと後悔しています」

現在も夫とは復職を巡って意見が折り合わないという。育児の大変さを身をもって実感しているだけに、「それならもっと家のことを手伝ってほしい」と苛立ちを隠せない様子だった。

リスキングに挑戦したものの、努力が報われなかったケースもある。4歳と1歳の子供がいる埼玉県在住の会社員・トモコさん（35歳）は、次男の育休中に取り組んだ勉強が思わぬ方向に進んでしまったという。

「もともとスキルアップには関心がありました。私の仕事は事務職で給料は月20万円程度だったので、もう少し待遇を上げたかったからです。ただ、何をしたら自分のスキルアップにつながるのかはあまり考えもしないまま、流行りの『コーチング講座』を選んでしまいました」

「コーチング」とは、人材育成や個人のスキルアップを目指すコミュニケーション技術のこと。ビジネス系や自己啓発系のセミナー・書籍等では〝これからのビジネスパーソンの必須スキル〟として盛んに取り上げられている。

「SNSで話題の講座に30万円を払って申し込みました。『必ずスキルアップができるように導きます！』と言われて楽しみにしていたのですが、実際は受講者同士の交流会が中心で、講師が話す内容はどこかで聞いたことがあるようなものばかり。きちんと調べずに申し込んでしまった私にも反省点はあるのですが、とても金額に見合う学びは得られませんでした」

受講を反対する夫を押し切って申し込んだ経緯もあって、家では「復職後に必ず役に立つ」と誤魔化しているものの、30万円を無駄にした後悔は募るばかり。「参考書でこっそりエクセルを勉強して、給料アップにつなげたい」と話していた。

そもそも産休・育休期間の慌ただしさは人によってかなり異なるだけに、「育児中にリスキリングを」という発想自体が乱暴といえるのではないだろうか。産休や育休はあくまで「育児のための制度」であることを前提として考えなくてはならない。

35 我が子を「大谷翔平のような野球選手に！」と夢見る両親の思い

「習い事の出費は〝息子の将来への投資〟なんです」

ＷＢＣ（ワールド・ベースボール・クラシック）での大活躍に加え、メジャーリーグでは二刀流で本塁打を量産——２０２３年も大谷翔平選手は日米のファンを熱狂させた。その大活躍は全国の野球少年・少女たちの保護者らにも大きな刺激になっているようだ。

東京都在住のパート主婦・サツキさん（40歳）は、少年野球に熱中する10歳の息子が、将来、世界で活躍できる選手になるよう全力で応援している。

「夫が学生時代に野球をやっていたことがきっかけで、小学1年生からチームに入りました。すると習い始めて間もない頃に、コーチから『大物になりそうな予感がする』と褒められたんです。あまり野球に詳しくない私は、〝大物〟と言われて思い浮かぶのは大谷選手しかいませんでした。何人かプロ野球選手も輩出している名門チームのコーチの〝太鼓判〟に、私たち夫婦は舞い上がってしまったんです」

高校・大学時代に野球の強豪校でレギュラーだった夫も、「俺が諦めた夢を息子が叶えてくれる！」と大喜び。そしてサツキさんは息子に〝英才教育〟を始めた。

「将来、海外で活躍することを視野に入れて英会話教室に通わせました。最初は息子もアメリカ人の先生とのコミュニケーションを楽しんでいたのですが、徐々に内容が難しくなってきたのか、だんだん行き渋るようになっています。これからの時代に英語は必須だと思っていますので通い続けてほしいのですが、今の息子の様子を見ているとちょっと難しいように感じます」

メンタル面を強化させたい、きちんとした礼儀を学ばせたいとの思いから空手道場にも通わせている。こちらは楽しく通っているようで、大会出場を目指して特訓合宿にも参加しているのだが、それはそれでサツキさんとしては微妙な気持ちだという。

「空手に目覚めたのは想定外でした。夫は〝野球の練習が疎かになる〟と不安なようです。期待されていた息子がもし野球をやめるとなったら、周囲から何と言われるか……」

サツキさんはパート出勤を減らし、送り迎えや練習試合の付き添いなどに専念するよう

になった。野球、空手、英会話の月謝は2万円を超えるという。夫婦の総収入からすると家計に響きかねない出費だが、「あとで回収できると思えば構わない」と話す。

「私たちは息子の将来に〝投資〟をしていると考えています。大人になった時、稼ぎの一部を還元してくれればそれでいいんです。〝大物〟に育て上げるには、お金も時間もかかるのは承知しています」

最近の悩みは、習い事に専念しすぎたことで学校の勉強が疎かになりがちなこと。つい怒鳴ってしまい、親子喧嘩になることもしばしばだという。さらに出費は増えてしまうが、地域で有名な個別指導の学習塾に入れることを検討しているとのこと。そして肝心の野球はまだレギュラーメンバーに入ることができず、サツキさん夫婦は焦りを感じている。

「少年野球で一緒のお母さんの中には、『そんなに練習に熱心じゃないウチの子がレギュラーでいいのかしら』と〝自慢〟をする人もいます。こっちは生活のすべてを息子の野球に懸けているのに。早く才能が花開いてくれればいいのですが……」

我が子に夢を託す親は多いだろう。しかし親側が設定した目標が高すぎれば、子供の成長に逆効果になる恐れもある。親の思いを押しつけるだけでなく、親子で「何を目指すのか」を話し合う時間も必要ではないだろうか。

36 キャッシュレス時代の「お金教育」の難しさ
「幼い娘に〝現金は汚い〟と言われて迷いは深まるばかり」

経済産業省の調査によると2022年の「キャッシュレス決済比率」は36・0%。決済額は111兆円にのぼり、統計開始後初めて100兆円を超えた。一方で現金による決済が減ったことで、「お金の使い方」について学ぶ環境も様変わりしている。

神奈川県在住のパート主婦・リンさん（40歳）は、新型コロナの流行をきっかけに生活費の使い方をキャッシュレス決済へ全面的にシフトした。

「それまでは何も考えずにお札や小銭を触って買い物をしていましたが、コロナ禍で接触リスクが指摘されるようになってから、不特定多数の人が触る現金は衛生的に良くないと感じるようになりました。今では7歳の娘の小学校で備品を購入する時くらいしか現金を触る機会がないのですが、触った時は念入りに手指消毒をしています」

その娘に「お金の教育」を始めようとしたら、思いがけない壁にぶつかったという。

「そろそろお金の大切さを教えようと思ったのですが、キャッシュレスだと『お金を使った感覚』が分かりにくいと思って、現金で学ばせようとしました。すると、娘がいきなり『お金って汚い』と拒絶したんです」

現金を触った後に念入りに手洗いをしている母親の姿を見て、いつの間にか娘も同じ感覚になっていたことに驚いたそうだ。あまりに嫌がるので夫にも相談し、キャッシュレスでお金の使い方を教えることにしたのだが……。

「娘はキャッシュレス決済の手段を何も持っていないので、私か夫が一緒にいる時じゃないと支払いができません。駄菓子屋などは現金しか使えませんから、娘が自分でお金を使う場面ではキャッシュレスは体験できません」

リンさんは娘に、「お金がどういうものなのかは現金を使ったほうが分かりやすいし、友達同士で買い物をする時も便利」と話し、現金で教える方針に再転換。娘も渋々納得してくれたが、積極的には使いたがらなかったという。試行錯誤するリンさんだが、学生時代からの友人に相談すると、意外な反応が返ってきた。

「『衛生面が気になるのは不思議じゃないと思う』『娘さんが大人になる頃には現金よりもキャッシュレスが常識になるんじゃない？』と言われたんです」

友人からのアドバイスでさらに迷いが深まるなか、リンさん自身がキャッシュレス決済で痛い目に遭ってしまう。

「数百円ほどの少額の支払いが積もりに積もって、月3万円くらい生活費の予算をオーバーし続けていました。一番使う決済アプリを銀行口座から自動チャージする設定にしていたから、多く使っている感覚があまりなかったんです。娘にお金の勉強を教える前に、まずは私が勉強しなくちゃいけませんね……」

キャッシュレス決済と現金支払いのメリット・デメリットはそれぞれある。大人も子供も関係なく、お金について考えを深め続けていくしかなさそうだ。

37 子育て世帯の「給食がない夏休み」問題
「我が子の弁当作りがこれほどメンタルに響くとは」

子供にとって夏休みは「最高の1か月」だが、働く親にとっては「地獄の1か月」かもしれない。学校給食がなくなる長期休みは、時間的・金銭的負担が子育て世帯に重くのしかかるからだ。

小学2年生の娘がいる千葉県在住の会社員・リサさん（40歳）は、夏休みの学童保育に持たせる弁当作りで疲弊していた。

「出勤前のお弁当作りは本当に大変です。自分自身の支度もしなくちゃいけないので時間がギリギリに……余裕のない朝にうんざりです」

小学校入学前までは保育園に預けていたので夏休みも給食があり、お弁当を作るのは遠足などの行事の時だけだった。しかし小学校入学後の夏休みは、学童保育に弁当を持たせる必要が出てきた。

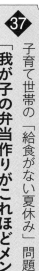

毎朝5時に起きて弁当を作るというリサさん。自分の身支度に30分、通勤に1時間かかるため、娘が学童保育に行き渋ろうものなら8時半の始業時間に間に合わず、代わりに仕事をしてくれた同僚に謝って回ることもしばしばだ。何よりもストレスを感じるのは、お弁当の中身だという。

「おかずは冷凍食品に頼るしかないのですが、茶色の揚げ物ばかりの弁当を見るたびに、『これでいいのだろうか』と自己嫌悪に陥ります。かといって頑張って野菜を入れても、娘は食べ残してしまうんです」

料理をまったくしない夫は「頑張ってね」と言うばかりで、協力はしてくれない。「お弁当作りがこんなにもメンタルに響くとは思っていませんでした」と話すリサさんは、9月が来るのが待ち遠しくて仕方ないという。

小学6年生と4年生の息子2人を育てる東京都在住のパート主婦・ヒロコさん（38歳）が言う。

「子供だけで留守番できる年齢になったので学童保育の利用はしていません。長期休み中の食事代として兄弟合わせて1日1000円を渡していますが、どうやらガチャガチャやお菓子代に消えているようです……」

帰宅すると、菓子の空き袋やガチャガチャで手に入れた玩具が自宅に散乱していた。昼食代で買っていることは容易に想像できた。ヒロコさんは子供たちを叱ったのだが、こう反論されたという。

「『昼食代を節約した分くらい、自由に使ってもいいだろ。僕たち、留守番してるんだからそれくらい許してよ』と言うんです。とはいえ子供たちの〝節約術〟というのは、夕食用に冷蔵庫に残しておいたおかずを勝手に食べているだけ。ただ、私も夫も仕事が忙しくて夏休みの旅行にも連れていけないので、あまり厳しくは言えません」

ヒロコさんのパート時給は1100円。子供たちに毎日渡す1000円は決して安くない。そこで出勤前に弁当を用意することも検討したが、何と子供たちからは「お菓子が買えなくなる」と拒否されてしまったという。

「生活のために働いているのに、夏休みのたびにこのような形で出費が増えてしまい、頭が痛いです……。今は2人で1000円の昼食代ですが、食べ盛りの中学生にもなればその金額では収まらないでしょう。当たり前だと思っていた学校給食に、どれほど助けられていたかを実感しました」

ヒロコさんは節約のために、同じ市内に住む夫の両親に子供たちの昼食をお願いすることにしたそうだ。義母の手作りなら、栄養バランスも期待できるしお金もかからない。最初は渋っていた子供たちだったが、どうやらかなり甘やかされているようで、しばらくすると楽しそうに祖父母の家に通うようになったという。「多分、お小遣いをたくさんもらっているんだと思います」と話していた。

多くの親にとって子供の長期休みは悩みのタネ。栄養バランス、金銭面、親にかかる負担など、「夏休みのお昼ご飯」にはいろいろな問題が凝縮されている。

38 「推し活」に大金をつぎ込む我が子によぎる不安

「娘がどこでお金を工面しているのか分からない」

全国の高校生徒会などとのネットワークを持つ「ユース・タイム・ジャパン・プロジェクト」の調査（2022年12月発表）によると、アイドルやキャラクター、ユーチューバーなどへの〝推し活〟をする全国の高校生は、男子で約4割（回答者512人中）、女子で約7割（同683人中）に達した。年間平均費用でみると、男子は「5000円以下」が約4割で最多だったのに対し、女子は「5000〜1万円」「1万〜3万円」が合わせて半数近くを占めた。なかには大人顔負けの金額を〝推し〟につぎ込む高校生もいるようだ。使途はアイドルやアニメキャラクターなどのイベントに参加したり、グッズを購入したりするなどさまざまだが、自由に使えるお金をそれほど持っていないはずの若い世代が推し活に大金をつぎ込む様子に、保護者たちは不安を感じている。

千葉県在住のパート主婦・サチコさん（45歳）は、男性地下アイドルにハマる高校生の娘に頭を悩ませていた。

「娘の部屋にはホスト風の男性アイドルと撮影した写真が山のように積まれています。そのお金は一体どこで工面しているのか……」

サチコさんが把握している娘の収入は、ファミレスでの週3日のアルバイトだけ。せいぜい月に5万円ほどにしかならないのに、明らかにそれ以上のお金を使っているように見えるという。娘は毎週のようにイベントに参加し、大量の写真を購入している。交通費や洋服代を含めて考えれば、バイト代ではとても賄いきれないはずだ。

「さすがにこのままではマズいと思ったので、娘から話を聞くことにしました。『フリマアプリの売上金だよ』『バイトの店長が手当をくれた』などと言っていましたが、どこまで本当なのか怪しいです」

〝いつかトラブルに巻き込まれるかもしれない〟と心配したサチコさんは、娘に推し活を控えるよう説得したのだが……。

「『イベントでつながった友達もいるのに、やめろとか言われてもムリだから！』と大激怒。部屋に入れてくれないどころか口も利かない状態が続いています」

茨城県在住のパート主婦・ユウコさん（42歳）は、中学2年生の娘が女性インフルエンサーから影響を受けすぎて困っていると話す。

「SNSで有名な20代の女性（Eさん）を応援しているようです。恋愛や性に関する持論を毒舌で語るスタイルが未成年の女の子たちから支持されているようなのですが、どこがいいのか私にはさっぱり分かりません。なにより、心も体も未熟な中学生の段階でそうした話題にのめり込んでしまうのが心配で……」

娘は〝Eさんのような色気のある女性になりたい〟との思いから、彼女がSNSで紹介するコスメなどをねだるようになったという。

「自分のお小遣いが足りなくなると、『ワンコインだよ！　学校の友達もいいって言ってたし！』とゴリ押しされて、健康食品やら美容グッズやらを買わされました。私が拒否すればいいのですが、そうすると怪しいバイトにでも手を出しそうで」

ニュースで〝パパ活〟や〝闇バイト〟の言葉を耳にするたび、他人事ではなくなるかもしれないと不安に感じているという。

「夫は『スマホを取り上げてしまえ！』と強く言いますが、流行りモノ好きな娘の性格を考えると、それこそ家出しかねません。最近は『私もお金が貯まったらEさんが持っているブランドバッグを買う』が口癖。30万円を超えるバッグを買うことが、どんなに大変なことか分かっていないんですよね」

Eさんの深夜のライブ配信にもハマっており、夜ふかしして翌朝起きられず、学校に遅刻する日も増えているという。

のめり込みすぎて金銭感覚が麻痺しそうになることは誰にでもあり得る。だが、自分で稼いでいない未成年の場合は、家族も巻き込む問題になりかねない。

39 バブル世代との価値観ギャップに啞然
「婚約者の親から『娘を働かせないで』と要求されました」

日本の出生率低下に歯止めがかからない原因として「婚姻数の減少」が指摘されている。適齢期の未婚男女のために婚活支援を始める自治体も数多く、今や結婚は当事者やその親だけでなく、「社会的にも祝福すべき慶事」になっている。そうしたなか、交際相手と婚約に至ったものの、「相手の家族との価値観の違い」に直面し、結婚を諦めるケースもあるようだ。

「多様性」がキーワードの時代、結婚に対する考え方もさまざまだが、なかには旧来の価値観を変えられない人もいる。

学生時代から交際を続けてきた女性と半年前に婚約した神奈川県在住の公務員・ハジメさん（27歳）は、結婚に向けて具体的な準備を進めていた。ところが結婚が近づくにつれ、彼女の言動に啞然とすることが増えたという。

「『交際7年目の記念日に特別なアクセサリーを買って！』とカタログを見せられたのですが、そこに載っていたのは50万円を超える高級ブランドのネックレスでした。さらに、その日の食事は『夜景がきれいなレストランでお祝いしたい』とコース料金2万円のレストランを提案してきました」

交際歴は大学時代から実に7年。お互いの収入はもちろん、価値観や金銭感覚なども十分知っているはずだが、「ある時期を境に変わった」とハジメさんは言う。

「高額なプレゼントをねだるようになったのは、彼女のご両親に『結婚させてください』と伝えてからです。以前はブランドや見栄えにさほどこだわりもなく、飾らない性格がとても好きだったのですが……」

ハジメさんは意を決して〝変化〟の理由を問い質した。すると婚約者からは何とも理解不能な説明が飛び出したという。

「だってお母さんが『自分にどれだけ尽くしてくれるか確かめなさい』って。『女の子は結婚相手で人生が決まる』とも口を酸っぱくして言われたし……」

どうやら彼女の母親に言われるまま、ハジメさんを試していたようなのだ。

婚約者の両親は、昭和から平成にかけての好景気を謳歌した「バブル世代」。思い返せば婚約挨拶の時にも母親は、「婚約指輪は給料の3か月分の時代だったから、私は200万円近いものを貰ったのよ。あなたたちの婚約指輪はどうするの？」と、高級ブランドの名前を挙げながら、嬉しそうに話していた。

婚約者の変化は、そんな母親の影響によるところが大きいようだ。

「リボ払いしてでも高価なプレゼントが欲しいのかと訊ねると、『いや、本当に欲しいわけじゃないの。誠意が見たかっただけで……』と言うんです。7年も付き合った相手にそんなことをされるとは思わなかったです」

問題はほかにも発生した。彼女の母親に示された結婚の条件だ。

「最近になって『将来的に子育てが大変になると思うから、結婚後は共働きさせないでほしい』と言われたんです。子供をつくるかどうかは夫婦でこれから考えていくつもりですし、これだけ不動産価格が上がっている今、共働きでないとマイホームを買えそうにありません。娘を心配する気持ちは分かりますが、バブル時代の価値観を押し付けられているようで、息苦しくて仕方ありませんでした」

強烈な母親に頭が上がらない婚約者を責めることもできず、かといって出された条件は受け入れられそうにない。婚約解消には至っていないものの、予定していた結婚式は無期延期に。彼女と生活を共にしたい気持ち以上に、時代錯誤の価値観を押し付けてくる相手と親戚付き合いする困難さをより強く感じるようになっているという。

日本中が好景気に沸いた30年以上前の「昭和・平成バブル」と今では、個々の経済状態も価値観もまったく違う。それを理解しないまま息子や娘の結婚に口を出せば、たとえ「親心」だとしても迷惑極まりないと感じる人は多いのではないだろうか。

第5章

友人・ご近所編

隣の芝生はなぜ青い？

40 資源ごみを出すためにブランド紙袋を買い漁る本末転倒

「不思議と優越感とセレブ気分が味わえるから……」

「ごみ出し」といえばご近所トラブルの代表例だが、トラブルに至らずとも〝奇妙なバトル〟を引き起こすことがある。東京郊外の戸建て住宅に夫婦で引っ越した女性は、いつの間にかそこに自ら積極的に〝参戦〟するようになってしまった。

東京都在住の会社員・ミズキさん（40歳）は、以前は都心の1LDKのマンション住まいだったが、夫もミズキさんもコロナの流行直後からリモートワークが増えたため、会社まで電車で1時間強の戸建て住宅を借りた。コロナが落ち着いてきてからも通勤は週1回あるかないかなので不便はない。家賃は以前よりも減ったうえに、それぞれの書斎を持てる家に住めて喜んでいたのだが……。

「今までになかったご近所付き合いが出てきました。挨拶程度かと思っていたのですが、想像以上に詮索してくる世界でした」

引っ越し早々から、仕事のこと、家族構成、年齢など……近所に住む女性たちにあれやこれやと聞かれたという。あまりいい気持ちではなかったが〝郷に入っては郷に従え〟と自分に言い聞かせて合わせたそうだ。

なかでも一番困惑したのが、「資源ごみ」の回収日だった。

「集積所へ資源ごみを持って行った時に、ご近所さんたちがブランドショップの紙袋を持ちながら井戸端会議をしていました。袋に入っているのは資源ごみとして出す『雑がみ』や『包装箱』などの古紙なのに、なぜか皆さん誇らしげな表情で……」

特にブランドショップなどの高級店で商品購入時にもらえる紙袋は、デザインが良いというだけでなく、丈夫さも兼ね備えているものが多い。人気のあるブランドやデパートの紙袋は、フリマサイトで売買されているほどだ。当初、ミズキさんはあまり気にせず自宅にある普通の紙袋で古紙を捨てていたという。

しかし資源ごみの日にブランド紙袋がズラリと並ぶ光景を見ているうちに「自分も袋を気にしなくてはいけないのでは……」と思い始め、大切に保管していたブランドショップの紙袋をクローゼットから引っ張り出すようになる。

とはいえブランド品にさほど興味のないミズキさん夫婦、ストックしていた紙袋はすぐに〝在庫切れ〟に。すると、ミズキさんはフリマサイトに1枚100円以上で出品されているハイブランドの紙袋を探しては買い漁るようになった。夫には「バカバカしいからやめてくれ」とたしなめられたが、聞く耳を持てなかったという。

「不思議と優越感が味わえたんです。『こんな高級な紙袋を資源ごみ入れに使えちゃう私ってセレブ？』みたいな感じでしょうか。ご近所さんたちが紙袋を意識する気持ちも分からなくはなかったのです。それでもある資源ごみの日に〝私、何やってるんだろ〟と冷静になって、いまはフリマで紙袋を購入するのは控えていますが」

ごみ捨ての時間帯を遅らせて、ご近所さんと鉢合わせしないようにしてみたものの、すでに置かれている華やかな紙袋たちを見てしまうと、「やっぱり私も優越感を味わいたいと思ってしまう」と話す。そこで資源ごみは夫に託し、自分の出勤時も集積所の前を通らないようにしているそうだ。

資源のリサイクルは大切だが、そのためにブランド紙袋を購入するのはもはや本末転倒。見栄というものは、やはり人間の金銭感覚を狂わせてしまうのだろう。

41 「路上洗車」「自転車練習」の〝道路族〟をめぐるトラブル多発
「車通りがない道路なのに、そんなに迷惑でしょうか？」

「道路族」といえば、かつては道路建設の利権にかかわる政治家を指す言葉だったが、令和のSNSでは異なる意味を持つ。交通量の少ない住宅地の路上を占拠して遊んだり、キャッチボールなどをする人を批判的に指すスラングとして使われているのだ。

そうした〝道路族〟が批判されるのは、窓ガラスなどを損壊しかねない危険性や、騒音で周辺住民に迷惑がかかるといった理由のほか、「公道を私物化する行為自体がけしからん」という主張もある。そうした批判を受けながらも「やめるにやめられない」と語る〝道路族〟もいる。

千葉県在住の会社員・マサルさん（47歳）は、自宅前での洗車について注意を受けた。

「ホースの水が飛び散らないように気をつけて洗っていたのですが、年配のご近所さんから『車が通れなくなる』『洗剤を排水溝に流すな』と言われてしまいました。じゃあ、どこで洗車をすればいいのでしょうか」

洗車頻度は週に一度。自宅前の道は車がすれ違うことができない細い路地なので、洗車時間は10分程度で済ますように心がけ、誰かの車が通る時にはすぐに道を空けるなど、マサルさんとしてはできる限りの配慮をしていたという。

「一時的にせよ公道を占拠するのがよくないことは分かっています。でも、自宅のカースペースで洗車をすると隣の家に洗剤が飛ぶし、かといってコイン洗車場まで行こうとすれば30分近くかかります。そもそも我が家の前は車通りがほとんどないので、迷惑になるとは思えません。これまでも15年以上同じ場所で洗車していたので、今さらクレームを言われても……」

だが、クレームを重く受け止めたのはマサルさんの妻だった。「毎日のようにご近所と顔を合わせる私の身になって」と言い、コイン洗車場に行くよう求めたという。マサルさんは「そこまで言うなら、時間の余裕があるんだからキミがやってくれよ」と言い返して険悪ムードに。夫婦のわだかまりは簡単には洗い流せそうにないという。

埼玉県在住の専業主婦・エリカさん（34歳）は、7歳と5歳の子供について注意された。問題になったのは子供たちの自転車の練習だった。

「公園まで連れていけばいいのですが、それができない事情があることも理解してほしいです」

次男が補助輪なしで漕ごうとしていると、向かいに住む女性から「危ないからやめて」と言われたのだ。

「ご近所さんは『運転がフラフラしているので、ウチの車や植栽にぶつかって傷つけてしまう』と言うんです。もちろん車や植え込みから離れたところで練習していますし、万が一のために保険にも加入しています。長時間やっているなら心配されるのも分かりますが、せいぜい10分くらいですよ？　私が子供の頃は、家の前で自転車を練習するのが当たり前だったんですけどね」

やや不満気な様子ではあったが、エリカさんとしても「注意されてしまったからには家の前ではやらせられない」と考えている。しかし、自転車の練習ができる場所まで行くのが難しいのだという。

「歩いていける範囲に広い公園がないんです。夫がいれば自転車を車に積んで連れていってもらえますが、夫は土日にも仕事があるので子供たちと時間が合いません。かといって私はペーパードライバーなので……」

近所の人たちに配慮しながらこっそり練習させて、一日も早く普通に運転できるように上達させるしかないとエリカさんは考えている。

道路の使用は、たとえそれが短時間であっても、ご近所トラブルに発展するケースが少なくない。「昔は……」と言いたくなる気持ちも分かるが、お互いに気持ちよく地域で生活が送れるよう、周囲への配慮は欠かせない。

42 ガソリン代の節約話に冷や水を浴びせたセレブママの一言「レギュラーだったら、まだいいじゃない？」

世界的な原油価格の上昇で、ガソリン価格も右肩上がり。2020年にリッター120円台だったレギュラーガソリン価格は、2023年の8月には180円台に突入した。マイカーでの行楽や帰省も増えてきたなか、ガソリン代をめぐる話題は金銭事情の違いを浮かび上がらせる。

埼玉県在住の専業主婦・ユミさん（33歳）は、息子（3歳）の英会話スクールのママ会でモヤモヤとする出来事があったと語る。

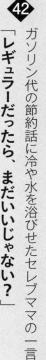

「家族での外出機会が増えましたが、まだ感染が心配なので車移動が中心です。そこで気になるのはガソリン価格。〝あれ、こんなに高かったっけ？〟と驚いています」

出費を抑えるためにクーポンを利用したり、割引率の高いガソリンスタンドのメンバーカードを作ったりしてリッター4円ほどの節約をしているのだが、そのママ会でも「ガソリン節約術」が話題になった。

「仲の良いFさんも悩みのタネだったらしく、『このクーポンが使える』『どこどこのスタンドが安いよ』といった情報交換で盛り上がっていたんです。ところが、それに水を差すようなことをGさんが口にして……〝ああ、またか〟って感じでしたけど」

Gさんは都心の高級住宅地に住んでいた元〝セレブママ〟で、最近になって夫の仕事の都合でユミさんの住むエリアに引っ越してきた。とにかく思ったことをすぐ口にするタイプだという。

「いきなり話に割り込んできたGさんは、『レギュラーガソリンだったらまだいいじゃない。ハイオクだともっと高いもん』と言い出したんです。私とFさんは、地域でも価格が安いガソリンスタンドを教えてあげたんですが、『え〜、そこってセルフだよね？　フルサービスしか利用しないからさー』とか、『1リットル4円の割引のためにそこまで行くって無駄じゃない？　逆に高くつきそう』などと、バカにされてしまいました」

Gさんは新車で1000万円以上する高級外車に乗っており、英会話スクールの送迎でも非常に目立つという。彼女が利用しているのはフルサービスのスタンドで、ユミさんが言うには「地域で一番高いガソリンスタンド」とのこと。Gさんがフルサービスのガソリンスタンドを利用する理由は、「ガソリンの匂いが苦手で、車の外に出たくないから」だそうだ。

「私がGさんに引っかかってしまうのは、事あるたびに『都心だとね〜』という前置きをして、この地域のことを見下してくることです。ガソリン代の件もそうですが、地域に合わせた言動を考えたほうが良いと思うんですけどね。実はもっと裕福な家庭の保護者もいるんですが、決してGさんみたいにひけらかすタイプではありません。余計に彼女の嫌味な面が目についてしまいます」

TPOに合わせて会話内容を変え、マウントと取られてしまう話を控えるなどの〝自己調整〟が、地域の人間関係には欠かせない。

43 「港区ママ」の天然発言に地元ママたちはタジタジ
「悪気のない人だけど、付き合うのはちょっと気が重い」

誰かの転入によって地域コミュニティがザワつくケースは珍しくない。その多くは「転入者が馴染むのに苦労する」というパターンだが、時に転入者が〝強烈な個性〟の持ち主だったりすると、戸惑うのは〝先住民〟だったりもする。

「今までにいないタイプの人が越してきた……。第一印象からそんな感じでした」

同い年の夫と2歳の娘と暮らす埼玉県在住の専業主婦・アヤノさん（32歳）は、近所に引っ越してきたママ友の言動が理解不能だという。

アヤノさん一家が住むのは、都心から電車で1時間近く離れた落ち着きのある住宅街。子育て環境が優れていると評判で、3年前の妊娠を機に新築一戸建てを購入した。娘が生まれてからは地元の児童館へよく通っている。顔見知りのママたちがいて、食事の献立や芸能ニュースなどを雑談程度に楽しむ距離感に居心地の良さを感じていたのだが、ある日を境に雰囲気がガラリと変わった。

「『初めて利用させていただくんですけど……』と、高級ブランドの腕時計をした40代くらいのママに声をかけられたんです。名前はレイコさん。社交的な性格で、彼女のほうから『お子さん、同じ学年かもしれないですね。うちの子も女の子なの』と話しかけてきてくれました。上品な口調ですが年長者ぶったところもなくて終始ニコニコ、私も悪い気はしませんでした」

レイコさんの夫の実家は地元の名士だった。レイコさん夫婦は東京・港区に住んでいたが、実家の敷地内に一戸建てを新築して引っ越してきたという。感じのいいレイコさんは他のママたちとも顔見知りになり、児童館での他愛のない会話に加わるようになった。ところが、間もなくレイコさんの〝天然っぷり〟に皆タジタジとなってしまったという。

「レイコさんは『越してきてビックリしたのはお野菜のお値段！　人参1袋100円なんて感動よ～！』なんて言うんです。本人は本気で喜んでいるようなのですが、私たちからすると若干見下されているような気がして……」

レイコさんは「引っ越す前の港区の高級スーパーで買い物すると1回1万円をアッサリ超えちゃって、荷物を持って帰宅するのが大変でタクシー利用は日常茶飯事だった」とも。激安がウリのスーパーをママチャリではしごするアヤノさんは、「次元が違いすぎてどう反応したらいいか分からない。『港区女子』というワードはネット記事で読んだことがあったけど、『港区ママ』はそれ以上に驚きでした」と語る。

リアクションに困っていたアヤノさんをさらにポカンとさせるエピソードをレイコさんは語り始めたという。

「『野菜を買おうとしたら現金しか使えないくてビックリ！　キャッシュレス生活が長いし、港区にはこんなシステムなかったから』ですって。愛想笑いしかできませんでした」

レイコさんが野菜を買おうとしたのは地域にある無人販売所。その場にいた別のママが、「ここでは小銭を持ち歩いていたほうが便利かもしれませんよ」とアドバイスすると、想像をはるかに上回る返答が。

「『それがね、義理の母の知り合いの農家さんだったから、〝今後はタダでいいよ〟って言ってもらえたの。小銭問題は解決しちゃったんです〜』って。私たちは顔を見合わせながら『それは良かったですね……』としか返せませんでした」

差を見せつけられたような気持ちになったと話すアヤノさん。内心では、〝レイコさんも私たちと波長が合わずにガッカリしているに違いない〟と思っていたそうだが、実は真逆だったようだ。

「『ここの児童館、すごくホッとするわ。港区だと子供のお受験とかお稽古事の話ばかりでうんざりだったのよ』と嬉しそうで……。港区で生活するのが大変なことはよく分かりました。もちろん私が住むことは一生ないんでしょうけどね」

レイコさんとは住まいも子供の年齢も近い。アヤノさんは「『港区では』と繰り返されるのはアレだけど、悪気のない人だから不思議と腹は立ちません。ただ、この先も付き合いが続いていくと思うと、レイコさんのペースに合わせていくのはちょっと気が重いかも」とため息をついていた。

44 ママ友の「実家話」に嫉妬を覚える理由

「実家の協力を得られない私には、つらさしかありません」

ママ友格差を生じさせるのは、世帯収入や住んでいる場所、あるいは学歴といったさまざまな要因がある。東京都在住で夫と息子（2歳）と暮らすリカさん（28歳）は、「児童館で知り合ったママたちに、解決しようもない嫉妬心を覚えてしまった」と語る。

現在、リカさんは夫の扶養範囲内で週3日のパート勤務をしているが、いずれフルタイム勤務に戻ることを考え、子供を幼稚園へ通わせたいと考えている。リカさんも夫も電車で30分もかからないところに実家があるが、実父母や義父母に頼りたくないのだという。

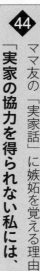

「夫も私も両親との関係があまりよくないので、夫婦2人で協力しながら育児をしています。でも、夫の給料だけでは今後の生活が不安ですし」

リカさんが息子を入園させたがっている幼稚園は、延長保育や給食などのサポートが手厚いことで人気。英語教育などにも力を入れており、地域の児童館を利用するママ友の多くが同じ幼稚園を検討しているという。

「ずっと前からこの園に入れると決めているのですが、児童館のママ友たちとその話題になった時、〝私って、惨《みじ》めかも〟って思ったんです」

共働き家庭からの人気が高い幼稚園だけに、多くの母親は入園を機にフルタイム勤務を再開したり、パートを始めたいと考えている〝同志〟なのだが、ほとんどの家庭はリカさん一家より恵まれた環境にいるように感じたという。

「みんな口を揃えて『子供の急な体調不良みたいな時には、ジジババが助けてくれる』って。私たち夫婦には頼れる人がいないので、羨ましい限りです」


リカさんの実家の両親はもともと過干渉気味で、リカさんは大学に入学するまでの進路をすべて両親に決められて生きてきたという。ついには結婚相手にまで口出ししてきたため、リカさんは逃げるように実家を出た。

「育児のことを私の両親に任せることはできません。子供に私と同じ思いはさせたくない。負の連鎖は私が断ち切ります」

逆に夫は両親から〝あんたはダメね〟〝どうせ失敗する〟などと期待されずに育てられてきた。そのため自己肯定感が低く、自信を無くしてしまうことが多いといい、「夫は子供を両親に会わせたくないと話している」とのこと。

そんな事情を抱えるリカさんは、ママ友たちにどうしようもない僻《ひが》みを覚えると話す。

「精神的な余裕というか、お金では買えない幸福感が伝わってきます。あの笑顔は、私には無理。みんな働きに出るといっても〝お小遣い稼ぎの感覚なんだろうな〟とさえ思ってしまうんです。〝ブランド品マウンティング〟や〝リッチ生活アピール〟のほうが分かりやすいし、私もスルーできると思う。でも、生まれ育った環境による格差を思い知らされるのは、つらいなあと感じてしまいます」

リカさんの悩みは深いが、周囲のママ友に悪気はまったくないだろう。それでも〝羨ましい〟〝妬《ねた》ましい〟と思われてしまう可能性があるのだ。人間関係はかくも厄介だ。

45 両親からの就職祝いをSNSに投稿した新社会人の誤算

「〝浮かれている〟と思わせてしまって反省しています」

コロナ禍によって社会のさまざまな場面で行動や価値観の変化が生じている。「就職」もそのひとつだろう。東京都在住のカズヤさん（22歳）は、2023年春にPR会社に就職した1年目社員。コロナ禍の就職活動ということもあり苦労して勝ち取った内定だったので、就職が決まった時は家族も大変喜んでくれたという。

入社が近づいてきた今年の初め、カズヤさんは家族から就職祝いをもらった。「『おめでとう』と言われてプレゼントされたのは、革製品で有名なブランドの名刺入れ。社会人になる実感だけでなく、ずっと応援してきてくれた両親への感謝の気持ちがこみ上げてきました」

嬉しさを感じたカズヤさんは、その名刺入れを自身のSNSに写真付きで投稿した。すると、その投稿を見た友人から意外な反応があったという。

「『親からまだプレゼントもらってるの笑？』と友人からコメントが届いたんです。自分だけでなく両親までバカにされたと思ってカチンときました」

コメントは即削除したが、それでも怒りが収まらなかったので、その友人に直接電話したカズヤさん。一応の謝罪を受けたものの、こんな反論もあったという。

「『就職がうまくいかず大変な仲間が多いのを知っているくせに、浮かれているように見えて気に食わなかった』と言われたんです。なかにはコロナで親の仕事が大変になって、学費を払うのにも苦労している同級生もいるという話も聞きました。そう言われると、僕の配慮が足らなかったのかもしれません」

カズヤさんとしては〝多くの祝福コメントでお祝いしてもらえる〟と思っていたそうだが、現実は友人からの反感を買うという皮肉な結果になってしまったのだ。

「自分の喜び＝友人の喜び」という等式は美しいが、現実には必ずしもそうはならないことも多い。とりわけコロナ禍によって価値観の違いが浮き彫りになった今の世の中では、むしろ「自分の喜び＝友人の反感、僻み」になってしまうケースが増えているのかもしれない。とりわけ一方的に喜びを押しつけがちなＳＮＳの投稿には、より慎重さが必要になりそうだ。

46

〝いいね〟を押してくれる人が減ったのはなぜ？

「ママ友同士でＳＮＳのフォローなんてしなければよかった」

３年余り続いたコロナ禍では、個人のインスタグラムやフェイスブックなどＳＮＳへの投稿にも〝自粛傾向〟が見られたが、そうした投稿を再開する人も増えている。それが人間関係トラブルの種になることも――。

千葉県在住のパート主婦・マスミさん（30歳）は、何気ないＳＮＳ投稿でママ友グループとの関係が微妙になっていると話す。

「コロナ禍の間は外出自粛もあり、どこかへ出かけたことや誰かと会っていることはオープンにしていなかったんです。でも、もうそうした配慮もいらないかと思って以前のように頻繁にＳＮＳを更新するようになったのですが、それがきっかけでママ友たちとの関係が悪くなってしまいました」

５歳と１歳の子供がいるマスミさんは、「育児が大変」などの日常的な書き込みや、家族での休日の外出、学生時代の友人やママ友たちとのランチ会の様子などを毎日のように投稿している。そうした投稿にママ友たちも〝いいね〟を押してくれていたのだが、徐々にその数が減っていったのだという。

「理由が気になったので、一番仲のいいママ友（Hさん）に聞いてみたところ、『もしかしたらマスミさんが声をかけているランチ会が原因かも』と言われたんです。どうやら、一部のママ友からよく思われていないらしくて……」

マスミさんは月2回のペースでランチ会を開催しているという。会場は近所のファミレスが定番で、ランチ代は大体1500円ほど。長女の幼稚園で付き合いのあるママ友10人くらいに声をかけているが、集まるのはHさん含めて4人くらい。Hさんの見立てでは、〝ランチ会に参加できないママ友たちがマスミさんのSNS投稿を見て反感を抱いているのでは〟とのことだった。

「知り合いには全員声をかけたほうがいいと思いますし、かといって来られない方々を批判したこともありません。Hさんからは『1500円のランチ代がもったいないと感じている人もいる』『専業主婦で自由にお金を使えないケースもある』と言われました。他にも、『もしかしたら（マスミさんがSNSに投稿している）家族でのお出かけを羨ましいと感じているのかもしれない』などと指摘されたんです」

誘われなければ文句を言われ、誘えば無理強いしているように思われてしまう。マスミさんは、今後どうしたらいいのか悩んでいるようだった。

「私はありのままの生活をSNSに投稿したいだけなのに、陰で配慮が足りないなどと言われているとしたらショックでしかありません。こんなことになるならSNSのフォローなんてしなければよかったです」

ママ友付き合いに疲れてしまったマスミさんは、新しいSNSアカウントを開設。しばらくの間は知り合いとはつながらずに利用していくつもりだそうだ。ランチ会の開催も当面見送るとのことだった。

「SNSでは距離を置きましたが、私以外のママ友同士で頻繁に楽しくランチしているんじゃないか……と想像してしまいます。私がいないところでどんな会話をしているのかなと思ってしまうんです。もし悪口で盛り上がっていたら……なんて考えるとゾッとします。

それくらい、ママ友の付き合いって面倒なんですよ」

コロナ禍が落ち着いたことで再開した人付き合い。その一方で、3年近くも続いた行動制限を経て、「不必要な付き合いはしなくてもいいのではないか」というムードもある。また、物価高などの理由から交際費をかけることに抵抗感を覚える人も増えているかもしれない。リアルであれSNSであれ、自分が心地良いと感じる人とだけ付き合う関係にシフトしていくのもひとつの手だろう。

47 ママ友の「最新スマホ購入報告」で気づかされた格差
「同じ境遇だと思っていたのに裏切られた気持ちです」

電気代やガス代のみならず、日用品、食料品など生活必需品の値上げラッシュが収まりそうにない。とはいえ、「物価高の感覚」はそれぞれの懐具合によって違うから、思わぬところで格差を感じることもある。

埼玉県在住の専業主婦・マホさん（32歳）は、仲の良かったママ友に嫉妬心を抱いたと話す。

「夫と5歳、3歳の子供がいますが、さまざまなものが値上がりして困っています。自分のための洋服や化粧品は久しく買ってませんし、外食も旅行も全然行けません。夫の給料も上がらないので、恥ずかしながら貯金は減る一方です」

家計を預かるマホさんの悩みは深まるばかりだが、週に一度のペースで開かれる幼稚園のママ友会で愚痴を吐き出して、気持ちを切り替えている。

「ファミレスでお茶したいところですが、誰かの家にお菓子を持ち寄って節約しています。みんな『何もかもが値上がりで困っちゃうよね』『ローンがしんどいよ』と話しており、大変なのは我が家だけじゃないと知ってホッとしました」

ところがある日のママ友会での出来事で、そんな〝連帯感〟が崩れてしまったという。同い年で一番仲が良いママ友・Iさんが最新のiPhoneに機種変更したことを報告したのだ。その場は「カメラすごいね」「最新機種はいいね」といった会話で盛り上がったが、マホさんとしては内心〝裏切られた〟と感じていたという。

「その価格をネットで調べてみたら、15万円以上するんです。彼女はいつも『贅沢なんてできないよね～』と話していただけにショックでした。そんな高価なスマホを買えるくらい余裕があるんだと思ったら、友達として付き合うことが惨めに思えてきたんです」

Iさんの話によると、機種変更は5年ぶりだったとのこと。それまで使っていた機種のバッテリーの持ちが悪くなったので思い切って最新機種を購入したのだそうだ。そんな事情を聞いても、マホさんとしては納得がいかない様子だった。

「もっと安いスマホはたくさん売られてますし、家計が厳しいと話しているママ友会で高価なスマホの話題を出すのは〝マウンティング〟じゃないの、と」

他の参加者も同じ気持ちだろうと思ったマホさんは、モヤッとしたことを別のママ友・Jさんに打ち明けた。が、返ってきたのは意外な言葉だった。

「『えっ、そんなに気にしなくてもいいんじゃないの？』と言われました。もしかしたらJさんの家も余裕があるのに、私に会話を合わせてくれていたのかもしれません。それ以来、〝いつも社交辞令で話を合わせているだけなんじゃないか〟〝実は内心ではバカにされているんじゃないか〟と考えるようになり、楽しくママ友会に参加できなくなってしまいました」

物価高が与える影響は深刻だ。食料品と同様に〝生活必需品〟であるスマートフォンも、機種によってはマホさんの夫の月給近い価格まで値上がりしている。思わぬ形で〝同じ悩みを共有できるはずの友人〟との格差に気づかされることが、今後増えていくのかもしれない。

48 年賀状での出産報告が友人関係にヒビを入れた「嫉妬する友人が失礼、私は悪くないですよね？」

年賀状や暑中見舞い、残暑見舞いといった季節の挨拶状はメールやSNSに置き換わって減少傾向にあるが、それでも「アナログな挨拶」を大切にしたいと考える人もいる。そんな価値観の違いがトラブルの種になってしまうこともある。

埼玉県在住の専業主婦・アイカさん（39歳）は、2022年の秋に待望の第1子を出産。その報告をかねて、23年は愛息の写真付き年賀状を親戚や友人に送った。

「独身時代は面倒だったのでほとんど送ったことはなかったのですが、6年前に結婚してから年賀状を出すようになりました。年始に近況を伝えられるのは素敵な文化だと実感していますし、特にコロナで気軽に会えない期間は年賀状のやり取りでのつながりをとても嬉しく感じていました」

発送したのは約100枚。印刷代は決して安くはないが、出産を皆に報告したかったこともあり気合いを入れて作ったという。送る相手に合わせて華やかなシールでデコレーションするなど趣向を凝らした年賀状だったが、「ある友人からは受け入れてもらえなかった」と残念そうに話す。

「年始早々、何の脈絡もなく〝ありがとう〟を意味するスタンプが1つだけ送られてきました。タイミング的に年賀状のお礼だろうとは想像したのですが、汎用性の高い無料のスタンプだっただけに、何とも雑な返信に感じました。せめて〝明けましておめでとう〟みたいな新年の挨拶用のスタンプだったら、そこまで思わなかったのかもしれませんが、いかにも〝義務的な返信〟に思えてしまって」

アイカさんは、あえてその友人に「スタンプ1つで済まされちゃうのは寂しいなぁ。最近はどうなの？」とメッセージを送ってみたのだが、その答えは予想外のものだったという。

「『私は独身だから、あなたみたいに報告するネタがないの。だからスタンプで済ませちゃった』と返してきたんです。そんなこと気にせずに年賀状でメッセージでも送ってほしいと伝えたら、今度は『毎年、幸せそうな写真を送りつけられる身にもなってよ』と。どうやら私は〝幸せアピールをしている人〟に見られていたようです」

アイカさんもそれ以上は返信する気にならず、メッセージのやり取りは終了。半年以上過ぎた今もわだかまりが残っているという。アイカさんとしては、自分から連絡する気はないそうだ。

「私は悪くないですよね？　友人が勝手に嫉妬して失礼な対応をしてきたのがいけないと思うんです。正直、今年の年賀状は手間もお金もかかっているから、余計にモヤモヤして仕方がありません。本音を言えば、私が送った年賀状を返してほしいくらいです」

ＬＩＮＥなどで気軽に時候の挨拶ができる時代ではあるものの、年賀状や暑中見舞いに特別な感覚を持つ人もいる。とはいえその〝特別さ〟ゆえに、良くも悪くも相手の印象に残りやすいのかもしれない。

49 ご近所の「ふるさと納税マウンティング」の実態
「返礼品から年収を推測するなんて気持ち悪い！」

自己負担2000円を差し引いた額が控除されるうえ、寄付先の特産物などを返礼品として受け取ることができる「ふるさと納税」。肉や海産物、お米などの食料品が特に人気で、締切の年末近くになると「どこに寄付するのが得か」が話題になるが、年収によって寄付控除の上限額が異なるために「不要な詮索《せんさく》」が起きることも。

夫と5歳の息子がいる東京都在住の専業主婦・フミカさん（33歳）は、ふるさと納税の返礼品の話題で不快な思いをしたという。

「夫は自営業で収入に波があるため、その年のおおよその年収が分かり始める10月頃から、ふるさと納税を申し込んでいます。普段は食べる機会のない高級食材が狙い目で、ちょっとした贅沢気分を味わっています」

2022年は夫と息子のリクエストでブランド肉を中心に寄付先を厳選。しかし、同時期に申し込みをしすぎたために、冷凍庫が返礼品で溢れかえってしまったという。

「本当は月1回くらいのペースで楽しみたかったのですが、冷凍庫に他のものを入れられなくなってしまうので、年末にかけて消費することに必死でした。その話を友人に笑い話として話したら、おかしな方向へ話が進んでしまって……」

話した相手は、息子が通う幼児教室で一緒のママ友だった。有名私立小学校の入試対策に定評のある塾で、教育熱心な家庭の親子が通うことで有名だという。

「『どんな返礼品を選んだの?』と聞かれたので、ありのままに答えました。『参考になるわ～』なんて言われたので、私の情報が役に立ったのかと思ったんですが、そうじゃなかったんです」

次の幼児教室の日、その友人から耳打ちされたのは「フミカさんのご主人、結構稼いでいるのね」の一言。どうやら返礼品の情報から寄付金額を逆算して、おおよその年収を弾き出していたようなのだ。意図せずに〝年収自慢〟をしてしまったのかと心配になったフミカさんは、「今年は少し良かっただけ。ウチは自営業だから波があるのよ」と取り繕《つくろ》ったが、さらに想像を超える言葉が返ってきた。

「『ぶっちゃけ、うちはフミカさんのとこよりも寄付額は多いんだけど、返礼品で冷凍庫が一杯になることはないなぁ。もしかしてコスパで選んでる？　そんなケチくさいことしないで、自分の欲しいものを選べばいいのよ～』と笑って言われたんです」

謙遜したつもりの直後にマウンティングをされたフミカさん、〝余計なお世話よ〟という言葉が喉まで出かかったという。

「よその家庭の収入を詮索したうえに、返礼品の選び方にケチをつけるなんて気持ち悪いし、付き合いたくないと思ったのが本音です。でも、子供のお受験のこともあるので距離を置きにくい事情もあって」

2人とも第一志望の小学校が同じで、合格すればこれから長い付き合いになる可能性がある。「それを考えると文句も言えない」とフミカさんは嘆いていた。

返礼品を選ぶ楽しさはふるさと納税の魅力だが、見方を変えれば家庭の収入事情が露骨に浮かび上がる話題でもある。話すときは慎重に。

おわりに

何気ない日常のなかで繰り広げられる人間関係のモヤモヤを覗くほど、些細なことがきっかけで衝突していることがよく分かる。本書に紹介したエピソードを読み、「私も発言には気をつけなくちゃ」と思う人がいるかもしれない。しかし正直に言わせてもらえば、私は「その配慮は不要だし、結局は無駄に終わる」と思っている。

人の心のコンディションは毎日違うので、対策しようがない。むしろコミュニケーションの内容を気にしすぎるほうが心身に支障をきたしてしまう。人間関係で病んでしまってはせっかくの人生がもったいないし、出会うすべての人から好かれることを目指すのも現実的とは思えない。

ではどうやって良好な人間関係を築けばいいのか……。私は〝自分らしく生きる〟ことが一番の近道だと考えている。

よく、「相手の気持ちになって物事を考えてみよう」と言われるが限界がある。だって他人の気持ちは口に出してもらわない限り、推測することしかできないからだ。その推測が100%正解であるわけないし、答え合わせもできない。相手の気持ちを考える／知ることは簡単ではない。それならいっそ、あまり気にしないほうが気が楽ではないだろうか。

先日、子育て中の30代女性から、「娘が習い事の発表会で着るワンピースをどれにするか悩んでいたら、10歳以上離れた先輩ママからお勧めブランドを教えてもらった。だけど気に入らないデザインだったので、別のブランドを購入したら『悩んでいたから勧めたのに！』と怒られた。相手の顔を立てる意味でも買うべきだったかしら？」と相談された。値段を聞くと1着3万円以上もするという。私は「教えてくれたことには感謝しつつ、ピンとこなかったものは買わなくていいと思う。それで壊れる関係ならそれまでじゃないの？」と答えた。自分が納得していないのに、デザインの気に入らない高価なワンピースを買うのは、アドバイスをくれた相手のご機嫌取りにしか思えないからだ。

人それぞれ好みや価値観が違うのは当たり前。女性は先輩ママに勧められたワンピースのデザインがしっくりこなかっただけなのに、向こうが勝手に「私の提案（＝私）を否定された」と勘違いしたことが、話をややこしくした原因だろう。しかし、そこまで気にしていたら身が持たないし、そもそも良好な関係性とは思えない。

日常ではコミュニケーションがしっくりとくるほうが珍しく、大抵は「まぁこれくらいなら私が折れれば上手くいくかな……」と思ってやり過ごすことが多いのではないだろうか。自分の意見とはちょっと違うけど、対応できる範囲なら気にしない。人間関係に期待すればするほど裏切られ、傷ついてしまうので「気が合えばいいいな」程度で過ごせばいい。

以前は積極的に学生時代の友人や仕事関係の人との交流を大切にしてきた私だが、最近は力を入れることをやめた。というよりも、自分が向いていないことに気づいてしまったのだ。「私ってダメな人間なんだー」「コミュ障じゃん……」と落ち込むことがないと言えばウソになるが、今は割り切って考えている。

本当に親しい人とだけ意見を交わし、付き合っていけばいい。そのほうが一緒に食べるランチも美味しいし、有意義な時間を過ごせたと感じられる。相手と意見が衝突する時もあるが、モヤモヤを持ち帰ることなくその場で議論する流れがあるので、次も気持ちよく会うことができる。本心でぶつかれるのは、相手を信頼しているからこそである。片手で数えるほどの友人しかいない私だが、濃い人間関係を築けていることに誇りを持っている。先日、学生時代のバイト先で仲良くなった長い付き合いの友人と占いの館に行って運勢を占ってもらった。占いなどは信じないタイプだが、その友人との相性占いで最高の結果が出た時はとても嬉しかった。自分にとって都合のいいことだけを受け入れる人生は意外と悪くないと思えた瞬間だった。

本書が、人間関係に悩む読者の皆様の、日常生活でのモヤモヤを晴らすヒントになれば嬉しい限りです。

2023年9月

吉田みく

吉田みく［よしだ・みく］

1989年埼玉県生まれ。大学では貧困や福祉などの社会問題を学び、卒業後は民間企業で営業や事務職を経験。30歳でフリーライターとなり、日常生活の人間関係に独自の視点で切り込む記事を多数執筆する。東京郊外で2児を育てる母親でもある。『マネーポストWEB』の人気連載コラム「誰にだって言い分があります」のほか、『文春オンライン』『現代ビジネス』などウェブメディアで執筆中。

イラスト：大野文彰
校正：日塔秀治
DTP：昭和ブライト
編集：及川孝樹、鈴木亮介、向山学

誰にだって言い分があります

二〇二三年　十月七日　初版第一刷発行

著者　吉田みく
発行人　三井直也
発行所　株式会社小学館
〒一〇一－八〇〇一　東京都千代田区一ツ橋二ノ三ノ一
電話　編集：〇三－三二三〇－五九八二
販売：〇三－五二八一－三五五五

印刷・製本　中央精版印刷株式会社

Printed in Japan ISBN978-4-09-825461-3